INDONESIEN UND
OSTTIMOR

KEIN PARADIES
FÜR MENSCHENRECHTE

INDONESIEN UND OSTTIMOR

KEIN PARADIES FÜR MENSCHENRECHTE

ai
amnesty international
FÜR DIE MENSCHENRECHTE

Die Deutsche Bibliothek - CIP - Einheitsaufnahme

Indonesien und Osttimor : kein Paradies für Menschenrechte /
Amnesty International. - 1. Aufl. - Bonn : AI, Sekt. der
Bundesrepublik Deutschland, 1994

Einheitssacht.: Indonesia & East Timor <dt.>

ISBN 3-89290-033-7

NE: Amnesty International; Indonesia and East Timor <dt.>; EST

1. Auflage September 1994
ai-Index 22100
ISBN 3-89290-033-7
Die englische Originalausgabe ist im September 1994
unter dem Titel "Power and Impunity. Human Rights under the New Order" in
London erschienen.
Gestaltung: CICERO, Bonn
Druck: Leppelt, Bonn

Spendenkonto 80 90 100
BKD Duisburg, BLZ 350 601 90

EINLEITUNG

Die indonesische Regierung der „Neuen Ordnung“, 1965 durch einen Militärputsch an die Macht gelangt, trägt seit nunmehr fast drei Jahrzehnten Verantwortung für Menschenrechtsverletzungen schwersten Ausmaßes. Hunderttausende Zivilisten wurden getötet und ihre verstümmelten Leichen nicht selten an öffentlichen Plätzen zur Schau gestellt und der Verwesung überlassen. Sowohl politische als auch Strafgefangene sahen sich routinemäßig Folterungen und Mißhandlungen ausgesetzt. Einige der Opfer haben die Torturen nicht überlebt, andere bleibende gesundheitliche Schäden davongetragen. Tausende Menschen, die gewaltfrei ihren politischen oder religiösen Überzeugungen Ausdruck gegeben haben, mußten sich anschließend in Schauprozessen vor Gericht verantworten und wurden zu Freiheitsstrafen verurteilt. Zahlreiche andere Gefangene starben unter den Kugeln der Erschießungskommandos, einige, nachdem sie bereits mehr als zwei Jahrzehnte in der Todeszelle zugebracht hatten.

Jüngste Anzeichen für eine politische Öffnung Indonesiens ließen auch Hoffnungen auf eine Verbesserung der Menschenrechtssituation aufkeimen. Doch bislang trügen die Hoffnungen. Nach wie vor werden in dem südostasiatischen Inselstaat die Menschenrechte brutal mit Füßen getreten. In dem vorliegenden Bericht geht amnesty international den Ursachen hierfür nach und zeigt auf, daß ohne entsprechenden Druck aus dem In- und Ausland nur geringe Aussichten auf einen grundlegenden Wandel in der Menschenrechtspolitik der indonesischen Regierung bestehen.

Auf den nachfolgenden Seiten dokumentiert amnesty international die von ihr seit vielen Jahren in Indonesien registrierten Menschenrechtsverletzungen wie politische Morde, Folterungen und Mißhandlungen, Inhaftierungen aus politischen Gründen und die Anwendung der Todesstrafe. Besonderes Augenmerk gilt dabei den Entwicklungen seit 1989, als sich die indonesische Regierung erstmals öffentlich zum Schutz der Menschenrechte bekannte. Der vorliegende Bericht gibt Auskunft über die Schicksale der Opfer von Menschenrechtsverletzungen und benennt diejenigen staatlichen Stellen, die für Menschenrechtsverbrechen verantwortlich sind. Er enthält Empfehlungen sowohl an die Regierenden in Jakarta als auch an die internationale Staatengemeinschaft, deren Umsetzung zu einer spürbaren Verbesserung der Menschenrechtssituation in Indonesien beitragen würde.

In der ehemaligen portugiesischen Kolonie Osttimor, seit der Invasion indonesischer Truppen im Jahre 1975 unter Mißachtung von Resolutionen der Vereinten Nationen von Indonesien besetzt, zählen für die dort lebende Bevölkerung Menschenrechtsverletzungen zur bitteren Realität. Filmaufnahmen von einem Zwischenfall in der osttimoresischen Hauptstadt Dili, wo indonesische Soldaten im November 1991 auf dem

Auf einer Parade anläßlich des Tages der Streitkräfte im Oktober 1992 präsentieren indonesische Soldaten ihre Ausrüstung, die speziell für Einsätze zur Aufruhrbekämpfung entwickelt worden ist. Der obere Teil des Photos zeigt ein Porträt von Präsident Suharto.
© Reuters

Friedhof von Santa Cruz ein Massaker an 270 friedlichen Demonstranten verübten, haben der Weltöffentlichkeit Ausmaß und Schwere der staatlichen Repression nachdrücklich vor Augen geführt. Doch sind politische Morde in Osttimor keineswegs ein neues Phänomen, sondern Teil eines dort bereits seit fast 20 Jahren zu beobachtenden Musters schwerer Menschenrechtsverletzungen.

Auch in den Provinzen Aceh und Irian Jaya, in denen sich die indonesische Regierung sowohl mit friedlichen Protesten als auch mit gewalttätigen oppositionellen Aktivitäten konfrontiert sieht, sind im Zuge von Operationen zur Aufstandsbekämpfung systematisch Menschenrechtsverletzungen begangen worden. Ähnlich wie in Osttimor verfügen die Militärbehörden dort faktisch über uneingeschränkte Vollmachten, alle ihnen zu Gebote stehenden Mittel einzusetzen, um die nationale Sicherheit zu wahren und die innere Ordnung und Stabilität aufrechtzuerhalten.

Selbst in denjenigen Landesteilen Indonesiens, in denen nach allgemeiner Einschätzung stabile Verhältnisse herrschen, haben systematische Menschenrechtsverletzungen stattgefunden. Dies gilt unter anderem für die Inseln Java, Sumatra, Bali, Sulawesi und Kalimantan, die Regionen Nusa Tenggara und Maluku und sogar die indonesische Hauptstadt Jakarta. Landesweit machen sich staatliche Stellen in ihrem Bemühen, politische Opposition zu unterbinden, „aufrührerische“ Bestrebungen zu zerschlagen oder vermeintliche Widerstände gegen die Wirtschaftspolitik der Regierung aus dem Weg zu räumen, schwerer Verstöße gegen die Menschenrechte schuldig. Ihr Vorgehen wird in Indonesien mit „Sicherheitsmaßnahmen“ entschuldigt.

Wo immer Regierungskräfte Menschenrechtsverletzungen begehen, weist ihr Handeln auffallende Übereinstimmung auf, die sich mit bestimmten Grundmerkmalen des politischen Systems in Indonesien erklären läßt. So verfügen beispielsweise die Streitkräfte, insbesondere die militärischen Nachrichtendienste und Einheiten der Aufstandsbekämpfung, über einen enorm großen Einfluß. Menschenrechtsverletzungen sind Teil der Aufstandsbekämpfungsstrategie. Sie werden nicht nur als zufällige Begleiterscheinung im Kampf gegen die bewaffnete Opposition in Kauf genommen, sondern auch bewußt und vorsätzlich als Mittel der Repression eingesetzt. Staatspräsident und Exekutive verfügen über nahezu unbegrenzte Vollmachten, die in willkürlicher Weise ausgeübt werden und keiner effektiven innerstaatlichen Kontrolle unterliegen. Ideologischer Konformismus wird mit Waffengewalt erzwungen. Die Macht der Exekutive und des Militärs findet ihren Niederschlag und ihre Bestätigung im Rechtssystem des Landes. Von einer unabhängigen und unparteiischen Justiz kann in Indonesien nicht die Rede sein. Nur sehr vereinzelt werden die für Menschenrechtsverletzungen Verantwortlichen vor Gericht für ihre Verbrechen zur Rechenschaft gezogen.

Kontrolle während einer nächtlichen Ausgangssperre in Jakarta Ende 1965. Nach dem Militärputsch wurden Hunderttausende vermeintliche „Kommunisten" getötet oder ins Gefängnis geworfen. © Rory Dell / Camera Press

Die genannten Faktoren liegen dem in Indonesien und Osttimor registrierten Muster systematischer Menschenrechtsverletzungen maßgeblich zugrunde. Verstöße gegen die Menschenrechte sind keine isolierten Einzelvorkommnisse. Sie sind auch nicht, wie die Regierung bisweilen behauptet, das Werk einer Handvoll undisziplinierter Soldaten, sondern das Ergebnis des Zusammenwirkens von institutionellen Strukturen, normierten Handlungsweisen und ideologischen Postulaten. Hierauf stützt sich die indonesische Regierung, um abweichende Meinungsäußerungen zu unterbinden oder Anzeichen von Unmut in der Bevölkerung zu unterdrücken.

1991 wurde Indonesien Mitglied in der Menschenrechtskommission der Vereinten Nationen. In Menschenrechtsfragen hat die Regierung in Jakarta seitdem eine geradezu zynische Haltung an den Tag gelegt. Während sie einerseits in Reaktion auf Kritik aus dem In- und Ausland eine Reihe von Maßnahmen ergriffen hat, um ihr Bekenntnis zu den Menschenrechten unter Beweis zu stellen, sahen sich andererseits Menschenrechtsaktivisten vor Ort weiterhin von offizieller Seite als „Subversive“ und „Staatsfeinde“ gebrandmarkt. Die Regierung hat zwar Menschenrechtsseminare veranstaltet, eine nationale Menschenrechtskommission ins Leben gerufen und einige wenige des Verstoßes gegen die Menschenrechte überführte Soldaten strafrechtlich belangt, jedoch keinerlei Bereitschaft erkennen lassen, die Hauptursachen für die katastrophale Menschenrechtslage in Indonesien und Osttimor zu analysieren und Abhilfe zu schaffen. Solange sie auf diesem Gebiet untätig bleibt, bestehen kaum Aussichten auf durchgreifende Verbesserungen.

MENSCHENRECHTE UNTER DER REGIERUNG DER „NEUEN ORDNUNG" - EIN ÜBERBLICK

Auffälligster Beweis für das immense Ausmaß der Menschenrechtsverletzungen in Indonesien und Osttimor ist die ungeheure Zahl politischer Morde. Die nach dem Putsch von 1965 verübten Massaker, denen zwischen 500.000 und 1.000.000 Menschen zum Opfer gefallen sind, scheinen einen Präzedenzfall für den Umgang mit politischen Gegnern geschaffen zu haben. Nach der Invasion indonesischer Truppen 1975 in Osttimor wurden auch dort insgesamt 200.000 Menschen getötet, starben den Hungertod oder erlagen ihren Krankheiten. Insgesamt kam damals ein Drittel der osttimoresischen Bevölkerung ums Leben. In Aceh starben zwischen 1989 und 1993 im Zuge von Operationen zur Aufstandsbekämpfung rund 2.000 Zivilisten eines gewaltsamen Todes. In Irian Jaya fielen in den zurückliegenden 15 Jahren ebenfalls Hunderte Menschen extralegalen Hinrichtungen zum Opfer.

Zahlreiche andere Tötungen fanden unter Umständen statt, die keinen Bezug zu Maßnahmen der Aufstandsbekämpfung aufwiesen. So haben in den zurückliegenden Jahren Hunderte Menschen ihr Leben verloren, weil sie sich an friedlichen Protesten beteiligt hatten, die von Militär und Polizei mit Schußwaffengewalt niedergeschlagen wurden. Im September 1984 beispielsweise töteten Regierungstruppen in Tanjung Priok im Einzugsbereich von Jakarta zahllose Zivilisten. Als Erklärung für das Blutbad wurde angeführt, daß man eine randalierende Menschenmenge unter Kontrolle zu bringen versucht habe. Im Februar 1989 kamen mindestens 40, möglicherweise sogar bis zu 100 Zivilpersonen ums Leben, als Regierungskräfte eine Ortschaft in Lampung, in der sich nach Angaben des Militärs moslemische Rebellen versteckt gehalten haben sollen, aus der Luft und vom Lande her unter Beschuß nahmen. Im September 1993 eröffneten Soldaten in Madura das Feuer auf eine Gruppe friedlich protestierender Bauern und trafen dabei viele Demonstranten tödlich. Und die Zahl der Opfer politischer Morde steigt weiter und weiter an.

Auch straftatverdächtige Personen wurden zur Zielscheibe willkürlicher Tötungen. Allein zwischen 1983 und 1985 haben Todesschwadronen der Regierung in den Städten Indonesiens schätzungsweise 5.000 vermeintliche Kriminelle im Schnellverfahren exekutiert. Noch 1989 erklärte der indonesi-

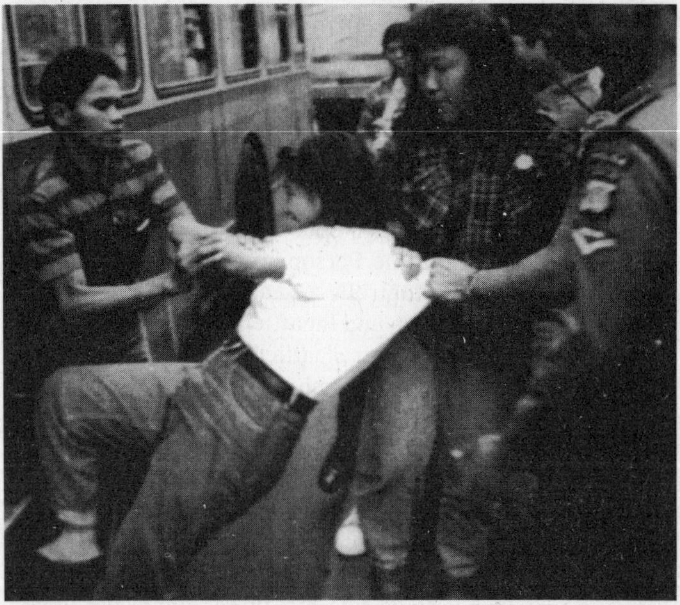

Februar 1991. Zivilpolizisten verhaften vor der japanischen Botschaft im Zentrum von Jakarta eine junge Frau, die sich an einer Anti-Kriegs-Demonstration beteiligt hatte. Die staatliche Repression in Indonesien ist gekennzeichnet durch strikte Einschränkungen der bürgerlichen und politischen Rechte wie die auf freie Meinungsäußerung und Versammlungsfreiheit © Reuters

sche Staatspräsident nicht ohne Stolz, daß hinter den Tötungen eine bewußte Politik seiner Regierung gestanden habe, um in Form einer „Schocktherapie“ die Kriminalität einzudämmen. Zwar lief die Kampagne, unter der Bezeichnung „Mysteriöse Tötungen“ bekanntgeworden, 1986 aus, doch sind auch danach die Polizeikräfte weiterhin mit exzessiver Gewalt gegen straftatverdächtige Personen vorgegangen. Anfang 1994 starteten die Polizeibehörden in Jakarta die sogenannte „Operation Säuberung“ in der erklärten Absicht, vor dem für November 1994 geplanten Gipfeltreffen des Forums für asiatisch-pazifische wirtschaftliche Zusammenarbeit die indonesische Hauptstadt von kriminellen Elementen zu säubern.

Folterungen und Mißhandlungen an politischen Gefangenen, straftatverdächtigen Personen und in Regionen mit Rebellentätigkeit lebenden Zivilisten sind in Indonesien zur alltäglichen Erscheinung geworden und haben bereits zahlreiche Todesopfer gefordert. Menschen wurden brutal gequält, um politisch oder militärisch relevante Informationen zu erpressen, Geständnisse zu erzwingen oder um Terror zu verbreiten und auf diese Weise einzelne Personen oder ganze Gemeinschaften der staatlichen Kontrolle zu unterwerfen.

Willkürliche Festnahmen und Inhaftierungen sind seit 1965 ebenfalls fester Bestandteil der staatlichen Repression in Indonesien. Die Regierung bedient sich derartiger Methoden, um ihre Widersacher mundtot zu machen, um an für militärische oder politische Belange wichtige Informationen zu gelangen und um die „Ordnung“ aufrechtzuerhalten. Nach dem Putsch von 1965 beispielsweise wurden nicht weniger als 1.000.000 Menschen wegen ihrer Verbindungen zur Kommunistischen Partei von Indonesien (Partai Komunis Indonesia - PKI) in Haft genommen und Hunderttausende bis zu 14 Jahre lang ohne Anklage oder Gerichtsverfahren in Gewahrsam gehalten. In jüngster Zeit zählen zu den Opfern willkürlicher Verhaftungen vor allem vermeintliche Rebellen und Personen, die in Regionen leben, in denen angeblich Rebellengruppen aktiv sind.

Während die Behörden in Osttimor dazu übergegangen sind, Menschen systematisch in Kurzzeithaft zu nehmen und sie während dieser Zeit Folterungen und Mißhandlungen zu unterwerfen, hat sich in anderen Landesteilen die Praxis herausgebildet, Gefangene über lange Zeiträume hinweg ohne Kontakt zur Außenwelt und ohne Anklage oder Gerichtsverfahren in Haft zu halten. In Aceh etwa hat das Militär zwischen 1989 und 1993 Hunderte, wenn nicht Tausende Personen willkürlich festgenommen und zum Teil bis zu zwei Jahre lang in Gewahrsam gehalten. Nur rund 50 Gefangene aus Aceh sind jemals vor Gericht gebracht worden. Zu den Opfern willkürlicher Inhaftierungen in Indonesien und Osttimor zählten ferner friedliche Demonstranten, Streikteilnehmer, Bauern, Studenten und Menschenrechtler.

Seit 1965 sind in Indonesien und Osttimor mehr als 3.000 Menschen wegen angeblicher politischer Straftaten zu langjährigem Freiheitsentzug oder zum Tode verurteilt worden, unter ihnen rund 1.000 Personen, denen man zur Last legte, in den Putschversuch von 1965 verwickelt gewesen zu sein oder der PKI angehört zu haben. Mindestens 25 Gefangene aus dieser Gruppe befanden sich bei Drucklegung des vorliegenden Berichts - annähernd 30 Jahre nach ihrer Festnahme - noch immer im Gewahrsam der indonesischen Behörden. Zum Kreis der aus politischen Gründen inhaftierten Personen zählten darüber hinaus rund 500 moslemische Aktivisten, Prediger und Religionsgelehrte; Hunderte Befürworter der Unabhängigkeit von Osttimor, Aceh und Irian Jaya; sowie unzählige Studenten, Arbeiter, Bauern und Menschenrechtler. Viele der Häftlinge sind verurteilt worden, obwohl sie weder Gewalt angewandt noch befürwortet haben. Bei Drucklegung dieser Dokumentation betrug die Zahl der politischen Gefangenen etwa 350. Nicht wenige von ihnen verbüßten lebenslange Freiheitsstrafen.

Die in Indonesien und Osttimor geführten politischen Prozesse haben durchgängig internationalen Grundsätzen für faire Gerichtsverfahren nicht entsprochen und sind oftmals nicht

Osttimor. Das junge Mädchen war zum Zeitpunkt der Invasion indonesischer Truppen 1975 noch nicht geboren. Die alte Frau hat die damaligen Schrecken überlebt. Nach der Invasion sind mehr als 200.000 Osttimoresen getötet worden, den Hungertod gestorben oder ihren Krankheiten erlegen. © Steve Cox

einmal den Vorschriften der Strafverfahrensordnung des Landes gerecht geworden. Dies gilt insbesondere für Prozesse gegen Personen, die des Verstoßes gegen das Anti-Subversions-Gesetz angeklagt waren, auf dessen Grundlage Mindestgarantien und Schutzbestimmungen, wie sie ansonsten in den Strafverfahrensvorschriften verankert sind, außer Kraft gesetzt werden können. Das genannte Gesetz sieht ferner überaus harte Strafen bis hin zur Todesstrafe vor. Für praktisch alle politischen Gerichtsverfahren sowohl in Indonesien als auch in Osttimor gilt, daß es sich um Schauprozesse gehandelt hat. Sie sind zum Teil in der Absicht geführt worden, zu demonstrieren, daß die Regierung der „Neuen Ordnung" sich rechtsstaatlichen Grundsätzen verpflichtet fühlt. Zum Teil verfolgten sie aber auch den Zweck, potentielle Dissidenten abzuschrecken. Von den insgesamt Tausenden Angeklagten, die sich im Laufe der Jahre in Indonesien oder Osttimor wegen politischer Delikte vor Gericht verantworten mußten, ist nach Kenntnis von amnesty international nur ein einziger freigesprochen worden.

Auch die gerichtlich sanktionierte Todesstrafe ist vor allem gegen politische Widersacher der Regierung angewandt worden. Von den insgesamt 30 seit 1985 exekutierten Häftlingen handelte es sich in 27 Fällen um politische Gefangene, die größtenteils bereits mehr als 20 Jahre in der Todeszelle zugebracht hatten, bevor man sie schließlich von Erschießungskommandos hinrichten ließ. Der Zeitpunkt ihrer Exekution begründet den Verdacht, daß dafür politische Erwägungen den Ausschlag gegeben haben. Zugleich wollte man mit der Hinrichtung von politischen Gefangenen in mehr oder weniger regelmäßigen Abständen der Bevölkerung vor Augen führen, daß es angeblich weiterhin notwendig ist, gegenüber der „Subversion" Wachsamkeit an den Tag zu legen. Nicht zuletzt dienten die Exekutionen der indonesischen Regierung zur Demonstration ihrer absoluten Macht.

Die meisten Vorwürfe über Menschenrechtsverletzungen an vermeintlichen Oppositionellen richten sich an die Adresse von Armee und militärischen Elitetruppen, wozu etwa das Sondereinsatzkommando *Kopassus*, die paramilitärische Mobile Polizeibrigade *Brimob* und Spezialeinheiten zur Aufruhrbekämpfung zu zählen sind. Den regulären Polizeikräften werden vergleichsweise weniger Übergriffe zur Last gelegt, was jedoch in erster Linie darauf zurückzuführen ist, daß sie an Operationen zur Aufstandsbekämpfung und der Verhaftung politisch verdächtiger Personen nur unwesentlich beteiligt sind. Folterungen und Mißhandlungen an straftatverdächtigen Personen sowie Todesfälle als Folge derartiger menschenrechtsverletzender Praktiken gehen dagegen in erster Linie auf das Konto der regulären indonesischen Ordnungskräfte. Die Verantwortlichen für brutale Menschenrechtsverletzungen sind ferner in den Reihen regierungsgestützter Hilfstruppen von Militär und Polizei sowie innerhalb des Gefängnispersonals zu finden.

Zu den Opfern der in Indonesien und Osttimor zu beklagenden Menschenrechtsverletzungen zählen Angehörige ausnahmslos aller religiösen und ethnischen Gruppen. Die Repression richtet sich nahezu unterschiedslos gegen Menschen jeden Alters, Geschlechts und sozialer Stellung. In der Mehrzahl jedoch trifft sie arme und unterprivilegierte Schichten der Bevölkerung wie Kleinbauern, städtische Slumbewohner und Arbeiter.

DIE ROLLE DER INTERNATIONALEN STAATENGEMEINSCHAFT

Bis in die jüngste Zeit hinein ist die internationale Staatengemeinschaft den systematischen Menschenrechtsverletzungen in Indonesien und Osttimor mit Stillschweigen begegnet. Dafür gibt es eine einfache Erklärung: Die indonesische Regierung galt

Straßenszene in Jakarta. Der Fahrradfahrer transportiert Metall- und Plastikmüll zu einem der vielen kleinen Wiederverwertungsbetriebe der Stadt. Trotz eines gesteigerten industriellen Wachstums leben viele der 185 Millionen Indonesier in extrem ärmlichen Verhältnissen. Mit rund DM 2,30 pro Tag zählen die Löhne zu den niedrigsten in ganz Asien. © AFP

im Westen als wichtiger Freund und Verbündeter und blieb von den asiatischen Nachbarn und den Mitgliedern der Bewegung blockfreier Staaten von Kritik nahezu gänzlich verschont.

Stets wurde die Republik Indonesien, die die viertgrößte Bevölkerungszahl der Welt aufweist, deren natürliche Ressourcen unerschöpflich scheinen und die über ein ungeheures Potential billiger Arbeitskräfte verfügt, als wirtschaftliche Trumpfkarte angesehen. Die weitgehende Zerschlagung der Kommunistischen Partei in den Jahren 1965 und 1966 und der Sturz des militanten Nationalisten Sukarno, gefolgt von der Machtübernahme durch eine strikt anti-kommunistische Militärregierung, eröffneten nicht nur ungeahnte Chancen auf wirtschaftlichem Gebiet, sondern boten dem Westen auf der Höhe des Kalten Krieges auch immensen politischen Nutzen. Damals wie heute kommt Indonesien, vor dessen Küste wichtige Seewege verlaufen, die den pazifischen und indischen Ozean miteinander verbinden, enorme strategische Bedeutung zu. Dieser Tatsache hat es das Land zu verdanken, daß die USA und eine Reihe anderer westlicher Staaten seit 1965 und all die Jahre des Kalten Krieges hindurch in großem Maße wirtschaftliche, militärische und politische Unterstützung leisteten und aus Zwecksmäßigkeitserwägungen heraus ihre Augen vor den systematischen Menschenrechtsverletzungen in Indonesien weitgehend verschlossen.

Seit dem Ende des Kalten Krieges sind die politischen Imperative des Anti-Kommunismus von Forderungen nach „Demokratisierung“ und einer „verantwortlichen Regierungsführung“ abgelöst worden. Von einigen westlichen Staaten ist inzwischen Kritik an der Menschenrechtssituation in Indonesien, vor allem an den Vorgängen in Osttimor, laut geworden. Das Massaker vom November 1991 auf dem Friedhof von Santa Cruz etwa hat verbreitet Entrüstung ausgelöst. Dessenungeachtet erfolgte im Mai 1993 die Verurteilung des Anführers der Widerstandsbewegung von Osttimor, Xanana Gusmão, zu lebenslangem Freiheitsentzug, ein Strafmaß, das später auf 20

Jahre Haft herabgesetzt wurde. Eine Reihe von Resolutionen und Erklärungen der Vereinten Nationen, verabschiedet in den Jahren 1992, 1993 und 1994, enthält ebenfalls offene Worte der Kritik an der Menschensituation in Osttimor.

Entgegen den Gepflogenheiten früherer Jahre haben einige Regierungen sogar konkrete Maßnahmen ergriffen, um gegenüber den Machthabern in Indonesien ihren Protest gegen die dortigen massiven Menschenrechtsverletzungen zu dokumentieren. Die Niederlande beispielsweise haben nach dem Massaker in Santa Cruz angekündigt, zukünftig wirtschaftliche Hilfe an eine Verbesserung der Menschenrechtssituation zu knüpfen. Kanada und Dänemark haben neue Entwicklungshilfeverpflichtungen vorübergehend eingefroren, allerdings laufende Vorhaben weiterhin finanziert. Belgien erklärte 1993, bilaterale Wirtschaftshilfe von der Achtung der Menschenrechte abhängig machen zu wollen. Italien schließlich stellte Mitte 1993 unter Hinweis auf die Menschenrechtsproblematik sämtliche militärischen Lieferungen an Indonesien ein.

Auch der US-Kongreß und die US-amerikanische Administration in Washington sind nicht untätig geblieben. Der Kongreß nahm 1992 und erneut 1993 eine Kürzung der Mittel für Ausbildung und Training der indonesischen Streitkräfte vor. Die Rücknahme dieser Entscheidung machte er von einer spürbaren Verbesserung der Menschenrechtssituation in dem südostasiatischen Land abhängig. Auch der Verkauf von Kampfflugzeugen an Indonesien wurde 1993 durch den US-Kongreß verhindert. Die Regierung in Washington hat ihre Gesprächspartner in Jakarta darüber hinaus gewarnt, daß Indonesien seine Handelsprivilegien verlieren könnte, falls die Rechte der Arbeitnehmer des Landes nicht umfassend gewährleistet werden.

Insgesamt allerdings läßt die Reaktion der internationalen Staatengemeinschaft auf die Menschenrechtsverletzungen in Indonesien deutlich zu wünschen übrig. Viele Regierungen äußern zwar verbal Kritik an der Menschenrechtssituation in Indonesien und Osttimor, beliefern das Land jedoch dessenungeachtet weiterhin mit militärischer Ausrüstung selbst solcher Art, die für Menschenrechtsverletzungen eingesetzt werden kann. Andere Staaten haben den indonesischen Streitkräften Ausbildungshilfe geleistet oder gemeinsame Operationen mit Einheiten des indonesischen Militärs durchgeführt, die für Menschenrechtsverletzungen weithin berüchtigt sind. Die britische Regierung stimmte 1993 der Lieferung von 40 Kampfflugzeugen an Indonesien zu. Die Bundesrepublik Deutschland verkaufte der indonesischen Regierung neben drei U-Booten 39 andere Kriegsschiffe, die zum Teil mit Raketenabschußrampen ausgerüstet waren. Und auch die Schweiz stimmte dem Verkauf von Waffen und Teilen für Luftabwehrgeschütze zu. Das australische Militär führte Mitte 1993 zusammen mit Indonesiens Aufstandsbekämpfungseinheit *Kopassus*, deren Angehörige seit Jahren für schwere Menschenrechtsverletzungen

Moslemische Frauen beim Abendgebet in der Al-Azhar-Moschee in Jakarta. Indonesien ist das Land mit der größten islamischen Bevölkerung der Welt. © AFP

verantwortlich sind, gemeinsame Übungen durch. Die Europäische Kommission schließlich wies im Oktober 1993 Vorschläge für ein Waffenembargo gegen Indonesien zurück.

Bislang haben nur einige Regierungen ihre Wirtschaftshilfe an Indonesien mit Forderungen nach Achtung der Menschenrechte verbunden, die meisten Geberstaaten dagegen ihre Hilfszusagen erhöht. Die *Consultative Group on Indonesia* (CGI) beispielsweise, ein einmal jährlich tagendes Gremium der wichtigsten Geberländer zur Koordinierung der bi- und multilateralen Entwicklungshilfe an Indonesien, hat seit dem Massaker von Santa Cruz im November 1991 seine Zahlungen an die Regierung in Jakarta stetig aufgestockt.[1] Vorbehalte gegen die Menschenrechtspolitik in Indonesien haben auch den Handelsverkehr mit dem Land nicht nachhaltig beeinflußt. Regierungen, die unbeeindruckt von den Vorgängen in Indonesien der Parole „Business as usual" folgen, senden unmißverständlich die Botschaft aus, daß sie die Menschenrechte wirtschaftlichen Interessen unterordnen.

Festzuhalten ist jedoch nicht nur, daß ausländische Regierungen Indonesien weiterhin wirtschaftlich und militärisch unterstützen, sondern daß sie auch Flüchtlingen, die der Repression in ihrer Heimat zu entkommen versuchen, keinen Schutz gewähren. Als beispielsweise Bürger Indonesiens in den diplomatischen Vertretungen mehrerer europäischer Staaten wie denen von Finnland, Schweden und dem Vatikan Zuflucht suchten, sind die betroffenen Regierungen in ihrem Vorgehen gegen die Botschaftsflüchtlinge ihren Verpflichtungen aus zwischenstaatlichem Recht nicht nachgekommen. Eine Reihe asiatischer Länder, unter ihnen Japan, Malaysia und Papua-Neuguinea, haben ebenfalls Botschaftsflüchtlingen Schutz verwei-

[1]Die CGI war 1992 als Nachfolgegremium des Entwicklungshilfekonsortiums Intergovernmental Group on Indonesia (IGGI) entstanden, welches auf Drängen Indonesiens aufgelöst worden war, nachdem aus den Niederlanden, welche bei den IGGI-Tagungen den Vorsitz geführt hatten, Kritik an der Menschenrechtspolitik der Regierung in Jakarta laut geworden war.

gert oder sie trotz möglicher schwerer Gefährdungen für Leib und Leben zwangsweise nach Indonesien zurückgeschickt. Einige Regierungen haben ihr Vorgehen zu rechtfertigen versucht, indem sie auf Zusagen der indonesischen Behörden verwiesen, daß Asylbewerber im Falle ihrer Rückführung oder Überstellung keinerlei Verfolgung zu befürchten hätten. Sie hätten dabei wissen können, daß derartige offizielle Zusagen in der Vergangenheit regelmäßig gebrochen worden sind.

Ein weiteres Problem grundsätzlicher Art besteht darin, daß die internationale Staatengemeinschaft ihr Augenmerk nahezu ausschließlich auf die Menschenrechtssituation in Osttimor richtet und selbst dort auch nur Verbrechen schlimmsten Ausmaßes, wie es das Massaker von Santa Cruz gewesen ist, zur Kenntnis genommen hat. Die von den indonesischen Truppen in Aceh, Irian Jaya, Java, Jakarta und anderenorts verübten schweren Menschenrechtsverletzungen sind dagegen weitgehend mit Stillschweigen übergangen oder als isolierte Einzelvorkommnisse heruntergespielt worden. Im vorliegenden Bericht weist amnesty international nach, daß Verstöße gegen die Menschenrechte weder auf Osttimor beschränkt sind, noch daß es sich bei den aus anderen Landesteilen bekanntgewordenen Tötungen, Folterungen und politisch motivierten Festnahmen um vereinzelte bedauerliche Exzesse handelt. Die nachfolgenden Seiten belegen vielmehr, daß in Indonesien über mehr als zweieinhalb Jahrzehnte hinweg ein Muster systematischer Menschenrechtsverletzungen entwickelt wurde, das es endlich zu durchbrechen gilt.

GESCHICHTE DER UNTERDRÜCKUNG

Der systematische Mißbrauch der Menschenrechte in Indonesien steht aufs engste mit den dort herrschenden politischen Machtstrukturen in Zusammenhang, vor allem mit den militärischen Traditionen, politischen Institutionen und ideologischen Konzepten der Regierung der „Neuen Ordnung". Aus menschenrechtlicher Sicht ist in erster Linie die weitreichende politische Macht des Militärs, die Konzentration exekutiver Befugnisse in den Händen des Staatspräsidenten und seiner unmittelbaren Umgebung sowie die Durchsetzung eines strikten ideologischen Konformismus von Bedeutung.

Das Fehlen jeglicher Mechanismen zur Kontrolle der Machtausübung des Präsidenten und der Exekutive hat dazu geführt, daß repressive Methoden in willkürlicher Weise angewandt werden. Die Tatsache, daß den Sicherheitskräften im allgemeinen keine Grenzen bei der Anwendung von Gewalt gesetzt sind und sie ohne Furcht vor Bestrafung Menschenrechtsverletzungen begehen können, hat die Situation noch zusätzlich verschärft.

HISTORISCHER ABRIß

Das heutige Indonesien war einst Teil des niederländischen Kolonialreiches. Über rund 350 Jahre hinweg haben die Niederlande dort ihren Einfluß ausgeweitet. Als Niederländisch-Indien bekannt, erstreckte sich die Kolonie Ende des 19. Jahrhunderts über ein Inselreich mit einer Vielzahl unterschiedlicher kultureller, religiöser und Sprachengruppen. Trotz dieser Vielfalt hatte sich in den 30er Jahren des 20. Jahrhunderts eine nationale indonesische Unabhängigkeitsbewegung gegen die niederländische Kolonialherrschaft gebildet, die 1942 Auftrieb erhielt, als japanische Truppen das damalige Niederländisch Indien ohne sonderliche Gegenwehr der Kolonialherren unter ihre Kontrolle brachten. Am 17. August 1945, kurz nach der Kapitulation der Japaner, rief Sukarno, der erste Präsident des Landes, die Unabhängigkeit der Republik Indonesien aus. Doch dauerte es weitere vier Jahre des Kampfes gegen die zurückgekehrten Niederländer, bis Indonesien schließlich Ende 1949 die völlige Souveränität erlangte. Mit der „Nationalen Revolution" wurde die politische Bedeutung der neugeschaffenen Streitkräfte des Landes fest verankert. Bis Anfang der 60er Jahre hatte sich die Armee neben Sukarno und der drei Millionen Mitglieder zählen Kommunistischen Partei zu einer der maßgeblichen Kräfte in der indonesischen Politik entwickelt.

Die ersten 15 Jahre der Unabhängigkeit (1950-1965) haben die weitere Entwicklung auf politischem und menschenrechtlichem Gebiet wesentlich geprägt. Eine 1950 verkündete neue Verfassung enthielt Garantien zum Schutz sämtlicher bürgerlicher und politischer Rechte, wie sie auch in der Allgemeinen Erklärung der Menschenrechte niedergelegt sind. Doch schon 1959 scheiterte Indonesiens Experiment einer konstitutionellen Staatsform. Unter dem Druck der Armee löste Präsident Sukarno das Parlament auf und setzte per Verordnung die noch heute gültige Verfassung von 1945 wieder in Kraft, in der nur vage Garantien für den Schutz grundlegender Menschenrechte enthalten sind und die eine politische Machtkonzentration in den Händen der Exekutive und insbesondere des Präsidenten festschreibt.

Der Putsch vom Oktober 1965

Der Militärputsch von 1965 stellt einen zentralen politischen Wendepunkt in der Geschichte des unabhängigen Staates Indonesien dar. Am 1. Oktober 1965 entführten und ermordeten eine Handvoll präsidententreuer Armeeoffiziere mittlerer Dienstgrade sechs Generäle, die sie der Kollaboration mit dem US-amerikanischen Geheimdienst CIA und des Verrats an Präsident Sukarno verdächtigten. Möglicherweise waren auch einige führende Köpfe der Kommunistischen Partei in das Vorhaben eingeweiht, doch gilt es als historisch gesichert, daß die weitaus meisten Mitglieder und Anhänger der PKI von den Attentatsplänen weder Kenntnis besaßen noch in die Vorgänge verwickelt waren.

Dennoch benutzte das Militär unter dem damaligen General und heutigen indonesischen Präsidenten Suharto die vermeintliche Verantwortung der PKI für den Putschversuch und die Morde an den Generälen als Vorwand für einen Gegenputsch, der erfolgreich verlief. Die Ereignisse vom Oktober 1965 leiteten eines der schlimmsten Massaker in der Geschichte des 20. Jahrhunderts ein. Innerhalb von weniger als einem Jahr wurden zwischen 500.000 und 1.000.000 Menschen getötet. Regierung und Militär haben zwar stets behauptet, die Massenmorde seien in spontaner Reaktion auf das angeblich verräterische Handeln der PKI erfolgt, tatsächlich jedoch wurden sie von der indonesischen Armee und von Vigilantengruppen, die mit Unterstützung oder stillschweigender Duldung des Militärs handelten, planvoll vorbereitet und ausgeführt.

In der Folge des Putsches vom Oktober 1965 gelangte die derzeitige indonesische Regierung an die Macht. Die damaligen Vorgänge wirken selbst heute noch - fast 30 Jahre nach den Ereignissen - im politischen Leben Indonesiens nach und haben weiterhin Einfluß auch auf die Menschenrechtspolitik und -praxis. Der offizielle Mythos von der Verantwortung der PKI für den Putschversuch von 1965 sorgt für den Fortbestand eines virulenten Antikommunismus und dient der Rechtfertigung der Unterdrückung jedweder politischen Opposition. Die Legende vom „Verrat" der PKI an der indonesischen Nation hat dazu geführt, daß - zumindest von den derzeit Regierenden - die für die Tötung vermeintlicher Kommunisten Verantwortlichen als Helden geehrt werden. Nach der offiziellen indonesischen Geschichtsschreibung sind nicht diejenigen die Schuldigen, die die Tötung Hunderttausender Zivilisten angeordnet haben, vielmehr sind es die Opfer selbst.

DIE „NEUE ORDNUNG"

Nach dem Putsch von 1965 wurde General Suharto zur bestimmenden politischen Person in Indonesien. Gestützt von der Armee und verschiedenen anti-kommunistischen politischen Gruppierungen, übernahm er faktisch die Macht im Lande. Im März 1967 wurde er zum Präsidenten ernannt. Seitdem hat er sich ohne Gegenkandidaten insgesamt fünfmal in Folge in das Präsidentenamt wählen lassen, zuletzt im Jahre 1993.

Die Machtfülle des Präsidenten findet ihren Niederschlag in den weitreichenden Befugnissen, die auch den übrigen Sektoren der Exekutive eingeräumt sind. Wer zur engsten Umgebung des Staatsoberhauptes zählt, seien es Minister oder Militäroffiziere, genießt faktisch unbegrenzte Vollmachten. Ausgeübt wird die exekutive Kontrolle über eine massive und in höchstem Maße zentralisierte Staatsbürokratie, die bis auf Dorfebene hinunter reicht. Zwar versucht die indonesische Regierung beredt, den Eindruck zu vermitteln, die Bevölkerung sei an der politischen Entwicklung des Landes beteiligt, tatsächlich jedoch bestimmt die Exekutive mittels ihres Staatsapparates die Geschicke Indonesiens.

Präsident und Exekutive haben ihre Machtfülle zusätzlich dadurch absichern und erweitern können, daß andere politische Institutionen weitgehend in die Bedeutungslosigkeit verwiesen wurden. Abgesehen von der Regierungspartei *Golkar* sind nur noch zwei weitere Parteien zugelassen: die *Partai Demokrasi Indonesia* (PDI) und die *Partai Persatuan Pembangunam* (PPP), die jedoch beide keinerlei Chancen auf eine Stimmenmehrheit besitzen. Wer sich bei den im Fünf-Jahres-Turnus stattfindenden Parlamentswahlen um ein Abgeordnetenmandat bewerben möchte, muß sich zuvor einer Überprüfung durch den Militärischen Nachrichtendienst unterziehen und seine Kandidatur vom Staatspräsidenten bestätigen lassen. „Ideologisch unzuverlässige" Bewerber werden erst gar nicht zu den Wahlen zugelassen. Parteipolitische Aktivitäten sind auf eine bestimmte Wahlkampfphase beschränkt und gelten ansonsten als illegal. Die Mitgliedschaft in der offiziell mit dem Militär, der Exekutive und dem Staatsapparat verflochtenen Regierungspartei *Golkar* ist für sämtliche Beamten und staatliche Funktionsträger Pflicht.

Der Beratende Volkskongreß *(Majelis Permusyawaratan Rakyat)* als wichtigstes parlamentarisches Gremium tritt im Fünf-Jahres-Rhythmus zusammen, um den Staatspräsidenten zu wählen und im groben die Richtlinien der nationalen Politik festzulegen. Von den insgesamt 1.000 seiner Mitglieder werden nur 400 gewählt, die übrigen vom Präsidenten und dem Militär er-

April 1989 in Jakarta. Aus Protest gegen die gewaltsame Niederschlagung von Studentendemonstrationen setzen junge Menschen die Nachbildung eines Armeestiefels, für sie ein Symbol der Unterdrückung, in Brand. © Reuters

nannt. Auch im Parlament *(Dewan Perwakilan Rakyat)* sind sowohl Delegierte der Streitkräfte als auch gewählte Abgeordnete vertreten. Formal kommt dem Parlament zwar die Funktion des Gesetzgebers zu, seine Tätigkeit beschränkt sich jedoch weitgehend auf die Absegnung von Gesetzesvorlagen der Exekutive. In ähnlicher Weise verfügen auch die parlamentarischen Gremien auf Provinz- und Bezirksebene über fast keinerlei Kompetenzen.

Die Macht des Militärs

Nach dem Putsch von 1965 entwickelte sich die Armee zur beherrschenden politischen Kraft in Indonesien. Das Militär hat seitdem die Institutionen des Landes und die indonesische Staatsideologie geprägt. Führende Funktionen in Staat und Gesellschaft sind mit Offizieren besetzt. In der Diktion der Regierung der „Neuen Ordnung" ist Indonesien eine auf rechtsstaatlichen Grundsätzen basierende Demokratie. In vielerlei Hinsicht allerdings wird das Land in Form eines militärischen Obrigkeitsstaates regiert. Auf die Menschenrechtspolitik und -praxis hat dies erhebliche Auswirkungen.

Die von Militär und paramilitärischen Hilfstruppen zur Niederschlagung der PKI praktizierten Methoden haben sich in der Folge des Putsches von 1965 verfestigt und kamen in späteren wiederholten Kampagnen der Aufstandsbekämpfung und in zahlreichen Operationen zur „Wiederherstellung der Ordnung" in ähnlicher Form zur Anwendung. In den offiziellen Sprachgebrauch hat der Begriff des „Security Approach" Eingang gefunden, der beinhaltet, daß zur Abwendung angeblicher Gefährdungen der nationalen Sicherheit Gewalt und minutiöse Überwachungspraktiken legitime Mittel darstellen. Zwar ist in jüngster Zeit nicht nur aus Kreisen der Opposition, sondern zum Teil auch von Regierungsseite das Konzept des „Security Approach" in Frage gestellt worden, doch liegen kaum Anhaltspunkte dafür vor, daß das Militär bereit wäre,

Während der Wahlen von 1982 patrouillieren gepanzerte Fahrzeuge auf den Straßen der Hauptstadt. Die Regierung bezeichnet Indonesien als eine auf rechtsstaatlichen Grundsätzen basierende Demokratie. In vielerlei Hinsicht allerdings trägt das Land Züge eines militärischen Obrigkeitsstaates.
© Paul Forster / Impact

seine beherrschende Rolle im politischen Leben des Landes aufzugeben oder auf repressive Methoden zur Sicherung seiner Macht zu verzichten.

Das indonesische Militär war von Beginn an organisatorisch eher auf die Verteidigung des Landes gegen Gegner von innen als von außen ausgerichtet. Die Territorialstruktur der Streitkräfte stellt sicher, daß sie landesweit und bis auf die Dorfebene hinunter präsent sind. Ihre weitreichenden Befugnisse beschränken sich nicht allein auf rein militärische Belange, sondern umfassen auch den politischen, sozialen und wirtschaftlichen Bereich. In der Theorie arbeiten militärische und zivile Behörden zwar zusammen, in der Praxis hingegen gelten Entscheidungen der Militärbefehlshaber als ungeschriebenes Gesetz.

Zusätzlich zu den regulären Armee-Einheiten existieren eine Reihe von Elitetruppen und paramilitärischen Verbänden, die in erster Linie zur Aufstandsbekämpfung eingesetzt werden. Sie alle tragen Verantwortung für schwere Menschenrechtsverletzungen. Besonders berüchtigt für ihr brutales Vorgehen ist die Spezialeinheit *Kopassus*, deren Mitglieder für einige der abscheulichsten Menschenrechtsverbrechen in der Geschichte Indonesiens verantwortlich sind. Vorwürfe über Verstöße gegen die Menschenrechte richten sich ferner gegen die paramilitärische Mobile Polizeibrigade *Brimob*, das Strategische Reservekommando der Armee *Kostrad* und Einheiten der Bereitschaftspolizei.

Zentraler Bestandteil des Militärapparates ist ein engmaschiges nachrichtendienstliches Netz, das sowohl über die normalen Befehlsstrukturen als auch über eine Reihe halbautonomer Dienste, wie sie etwa das Koordinierungsbüro zur Aufrechterhaltung der Nationalen Stabilität *(Bakorstansas)* darstellt, wirksam wird. Die Dominanz der Nachrichtendienste innerhalb der Streitkräfte hat zur Herausbildung eines ausgeprägten Systems der Überwachung der Bürger des Landes durch den Staat geführt, eine Entwicklung, die wiederum Menschenrechtsverletzungen Vorschub geleistet hat.

Ideologische Kontrolle

Zur Durchsetzung ihrer Ziele hat sich die Regierung nicht nur des Mittels der unverhohlenen Gewalt bedient, sondern ergänzend dazu ein komplexes ideologisches Kontrollsystem etabliert. Dieses fußt auf der Staatsideologie *Pancasila*, der Verfassung von 1945 und als „Staatsziele" definierten Werten wie nationale Stabilität, Sicherheit und Ordnung, die als dermaßen grundlegend dargestellt werden, daß ihre drohende Gefährdung den Staat zu „durchgreifenden Maßnahmen" einschließlich der Anwendung von Gewalt berechtigen. Die offizielle Rhetorik über Demokratie und politische Öffnung darf nicht vergessen lassen, daß nach wie vor Exekutive und Militärbehörden exklusiv für sich in Anspruch nehmen, die „Staatsziele" zu definieren und zu interpretieren sowie zu entscheiden, ob und wann sie gefährdet sind. In der Tageszeitung *Jakarta Post* vom 8. Februar 1994 beispielsweise wurde der Chef des indonesischen Geheimdienstes mit den Worten zitiert: „Gegen örtliche Menschenrechtsgruppen ist nichts einzuwenden, solange sie nicht von der offiziellen politischen Linie abweichen."

Die Staatsideologie *Pancasila* beinhaltet fünf Grundprinzipien: Glaube an einen Gott, Humanität, nationale Einheit, Demokratie und soziale Gerechtigkeit. Das 1985 in Kraft getretene Gesetz Nr. 8 verpflichtet sämtliche gesellschaftlichen Organisationen in Indonesien auf die *Pancasila* als einzige ideologische Grundlage. Als das Gesetz seinerzeit im Parlament

Indonesische Soldaten beim Training in Osttimor. Das Militär ist organisatorisch eher auf die Verteidigung des Landes gegen Gegner von innen als von außen ausgerichtet. Die Territorialstruktur der Streitkräfte stellt sicher, daß sie landesweit und bis auf die Dorfebene hinunter präsent sind. © Steve Cox

eingebracht wurde, löste dies vor allem bei Religionsgemeinschaften und Menschenrechtsgruppen eine Welle von Protesten aus. Einige der Kritiker der Gesetzesvorlage wurden daraufhin festgenommen und unter der Anklage der Subversion zu langen Freiheitsstrafen verurteilt.

Die Fixierung auf nationale Sicherheit, Stabilität und Ordnung und die Durchsetzung eines strikten ideologischen Konformismus leisten Menschenrechtsverletzungen Vorschub, da sie zum einen mit der Beschneidung grundlegender bürgerlicher und politischer Rechte einhergehen und zum anderen den unverfrorenen Mißbrauch der Menschenrechte hinter einer Fassade der Legalität zu verbergen helfen. Wer in Indonesien ein von der offiziellen Linie abweichendes Verhalten an den Tag legt, muß sehr schnell damit rechnen, als „Subversiver", „Kommunist", „Terrorist" oder „Verräter" gebrandmarkt zu werden. Er muß darüber hinaus befürchten, willkürlich in Haft genommen, gefoltert, zu Freiheitsentzug verurteilt oder getötet zu werden. Zum Kreis der von Diffamierung und Menschenrechtsverletzungen bedrohten Personen zählen die Befürworter der Unabhängigkeit von Osttimor, Aceh und Irian Jaya; Kleinbauern, die sich gegen Landenteignungen zur Wehr setzen; Historiker, die die offizielle Geschichtsschreibung hinterfragen; moslemische Prediger, die Kritik an der Staatsideologie *Pancasila* üben; Arbeiter, die das Streikrecht wahrnehmen; einfache Bürger, die für die Demokratisierung ihres Landes eintreten; Studenten oder Menschenrechtler, die die Entwicklungsplanung der indonesischen Regierung für verfehlt halten; Slumbewohner oder Kleinhändler, die durch ihre bloße Existenz als Störfaktor empfunden werden.

Das Ausmaß der Gewalt, mit der auf jedweden Dissens, so friedlich vorgetragen er auch sein mag, reagiert wird, läßt erahnen, welche Bedeutung der ideologischen Kontrolle unter der „Neuen Ordnung" beigemessen wird. Häufig bilden sogar gerade friedliche Protesthandlungen den Kontext für schwere Menschenrechtsverletzungen. Das Massaker auf dem Friedhof von

Santa Cruz in Osttimor beispielsweise wurde von offizieller Seite damit begründet, daß die Demonstranten regierungsfeindliche Gefühle zum Ausdruck gebracht hätten. Generalmajor Mantiri, der regionale Militärbefehlshaber, äußerte sich in der Zeitschrift *Editor* am 4. Juli 1992 zu den Vorfällen in Santa Cruz mit den folgenden Worten: „Wir bedauern nichts. Was geschehen ist, war korrekt; sie haben sich uns entgegengestellt, demonstriert und sogar regierungsfeindliche Parolen gerufen. Für mich ist dies gleichbedeutend mit Rebellion. Deshalb haben wir auch hart durchgegriffen; ich sehe in unserem Vorgehen keinen Fehler."

Seit Beginn der 90er Jahre erkennbare Tendenzen in Richtung einer zunehmenden politischen Offenheit haben zwar eine leichte Bewegung in die politische Debatte in Indonesien gebracht, am Konzept der ideologischen Kontrolle in seinen Grundfesten jedoch nicht gerüttelt. Dieselben staatlichen Funktionsträger, die sich überschwenglich für Demokratisierung und einen besseren Schutz der Menschenrechte aussprechen, warnen zugleich vor den Gefahren, die von solchen Entwicklungen für die nationale Sicherheit und Stabilität des Landes ausgehen könnten. Die Befürworter eines „westlichen" Menschenrechtskonzepts oder einer freiheitlichen Demokratie wie auch Umweltschützer werden als Subversive und sogar als „Kommunisten der vierten Generation" diffamiert.

Nachdem er erst wenige Monate zuvor zu mehr politischer Offenheit aufgerufen hatte, bezichtigte Indonesiens Staatspräsident in der *Jakarta Post* vom 18. Dezember 1993 friedliche Demokratieaktivisten des verdeckten Kommunismus und rief die Bevölkerung zu Wachsamkeit auf: „Sie fordern mehr Freiheiten, um ihre eigenen Interessen befriedigen zu können, und sind bereit, übergeordnete Interessen hintan zu stellen. Dies verstößt gegen *Pancasila* ... Es sollte uns warnen. Wir müssen uns vor der PKI hüten; der Name ist zwar ein anderer, aber es handelt sich dennoch um dieselbe Bewegung. Wir müssen wachsam bleiben."

EINSCHRÄNKUNGEN DER BÜRGERLICHEN UND POLITISCHEN RECHTE

Die staatliche Repression in Indonesien findet ihren Ausdruck unter anderem in der massiven Beschneidung einer Vielzahl international anerkannter bürgerlicher und politischer Rechte, wie etwa die auf Meinungsfreiheit und freie Meinungsäußerung oder auf Versammlungs- und Bewegungsfreiheit. Die Einschränkungen haben ein Klima der Angst erzeugt, das die Bürger des Landes weitgehend davon abhält, oppositionelle Positionen offen zu vertreten. Sie bilden ferner den Kontext für weitere Menschenrechtsverletzungen.

Jedes Jahr werden in Indonesien Dutzende Bücher mit der Begründung verboten, daß sie Kritik an der Regierung oder der Staatsideologie *Pancasila* enthalten, „marxistisches" Gedankengut vermitteln oder die öffentliche Ordnung gefährden. Wer im Besitz verbotener Bücher angetroffen wird, dem droht die Festnahme und mitunter sogar langjähriger Freiheitsentzug. Der Zensur zum Opfer gefallen sind selbst die Werke von Pramoedya Ananta Toer, einem ehemaligen politischen Gefangenen, der heute zu den bekanntesten Romanschriftstellern Indonesiens zählt. Auch Sachbücher, die sich mit politischen, religiösen, juristischen oder menschenrechtlichen Fragestellungen befassen, wurden von den Behörden verboten. 1992 beispielsweise wurde ein vom unabhängigen Rechtshilfeinstitut (Lembaga Bantuan Hukum - LBH) herausgegebener Bericht über politische Prozesse in Aceh mit der Begründung verboten, daß in ihm die Militärbehörden in einem ungünstigen Licht dargestellt werden. 1994 untersagten die Behörden den Vertrieb und Verkauf eines Buches, in dem die These vertreten worden war, Präsident Suharto sei Drahtzieher des Putsches von 1965 gewesen.

Die Regierung hat darüber hinaus für öffentliche Veranstaltungen wie Theateraufführungen, Dichterlesungen, Filmvorführungen, Vortragsabende, Seminare und friedliche politische Zusammenkünfte zeitweilig Verbote ausgesprochen. Der Militärbefehlshaber von Zentraljava etwa hat in der Ausgabe der Zeitung *Kedaulatan Rakyat* vom 29. August 1991 das gegen den Dichter Emha Ainun Najib verhängte Auftrittsverbot wie folgt zu rechtfertigen versucht: „Wir haben Regeln. Solange nur abweichende Vorstellungen von der Art der anzuwendenden Instrumentarien zum Ausdruck gebracht werden, besteht kein Problem. Wenn jedoch Bereiche berührt werden, die *Pancasila* betreffen, geht es nicht mehr allein um die Frage der unterschiedlichen Standpunkte. Für diesen Fall sind Sanktionen vorgesehen ... Wir hoffen auf Offenheit, der allerdings auf der anderen Seite natürliche Grenzen gesetzt sind. Wenn sie das von uns errichtete System überschreitet, ist sie nicht erlaubt."

Auch die lokalen und in Indonesien tätigen internationalen Medien sind in ihrer Berichterstattung Einschränkungen unterworfen. Allerdings hat die Regierung ein System entwickelt, das Interventionen im konkreten Fall kaum noch erforderlich macht. Staatliche Zensur findet üblicherweise in Form eines warnenden Telefonanrufs oder eines Besuchs durch Beamte des Informationsministeriums oder des Geheimdienstes statt. Wer dennoch den vorgegebenen Rahmen überschreitet, muß willkürliche juristische Konsequenzen befürchten. Die Behörden haben mit dem selektiven Entzug der Herausgabelizenz für Publikationen, der Visaverweigerung für ausländische Medienvertreter und der Inhaftierung einer Handvoll inländischer Journalisten und verantwortlicher Redakteure ein Klima geschaffen, in dem die „Selbstzensur" um sich greift. Den krassesten Einschränkungen sind die Medien in denjenigen Landesteilen unterworfen, in denen Operationen zur Aufstandsbekämpfung stattfinden. Aber auch in Gegenden, in denen relative Stabilität herrscht, sehen sich Journalisten in ihrer Arbeit von offizieller Seite behindert.

Die Regierung der „Neuen Ordnung" bekennt sich ausdrücklich zur Religionsfreiheit, der jedoch in Gesetz und Praxis engste Grenzen gesetzt sind. Offiziell anerkannt sind lediglich Islam, Katholizismus, Protestantismus, Buddhismus und Hinduismus. Und der Staat beansprucht für sich die Rolle als Kontroll- und Durchsetzunginstanz in religiös-orthodoxen Fragen. Nach Angaben des Generalstaatsanwalts, nachzulesen in der Zeitung *Kompas* vom 5. August 1993, wurden zwischen 1949 und 1992 nicht weniger als 517 religiöse Gruppen und Sekten verboten. Mitglieder der für illegal erklärten Religionsgemeinschaften wurden unter der Anklage der Subversion oder der Zugehörigkeit zu illegalen Organisationen in Haft genommen. Darüber hinaus haben sich Regierungs- und Militärbehörden mit dem Argument, nationale Sicherheit und öffentliche Ordnung sichern zu müssen, direkt und bisweilen sogar unter Anwendung von Gewalt in die internen Angelegenheiten staatlich anerkannter Glaubensgemeinschaften eingemischt.

Seit einer Reihe von Jahren bereits existiert ferner eine offizielle „schwarze Liste" mit den Namen von Personen, die das Land nicht verlassen dürfen. Viele der Betroffenen sind auf diese Liste gesetzt worden, weil sie sich gewaltfrei politisch engagiert oder Kritik an der Regierung geübt hatten. Ein Mitglied des Kabinetts erläuterte in der *Jakarta-Post*, Ausgabe vom 17. Mai 1991, die Maßnahme wie folgt: „... Reisebeschränkungen werden gegen Personen verhängt, die hier bei uns oder im Ausland die Verfassung von 1945 und die Staatsideologie *Pancasila*, die Entwicklung unseres Landes und die Autorität der Regierung gefährdet haben." Darüber hinaus erhalten Hunderte indonesische und ausländische Staatsbürger aufgrund ihrer politischen Überzeugungen keine Einreisevisa für Indonesien.

Forderungen nach Abschaffung der „schwarzen Liste" begegnete die Regierung Anfang 1992 mit der Verabschiedung eines neuen Einwanderungsgesetzes, das zwar eine Reihe bisher nicht verankerter Schutzvorkehrungen enthielt, die jedoch eher kosmetischer Natur waren. Faktisch bedeutete das neue Gesetz eine Festschreibung der bisherigen Praxis. Am 3. Januar 1994 gab die Regierung in der Zeitung *Republika* bekannt, daß die Namen von rund 15.000 Personen von der „schwarzen Liste" gestrichen worden seien, darunter die von elf prominenten Oppositionellen. Viele der Namen waren zuvor mehr als ein Jahrzehnt auf der Liste geführt gewesen. Ihre Streichung ist durchaus zu begrüßen, darf jedoch nicht vergessen lassen, daß die Praxis als solche, über Menschen „schwarze Listen" anzulegen, weiterhin Bestand hat. Hinzu kommt, daß das neue Einwanderungsgesetz und die Reduzierung des Umfangs der „schwarzen Liste" auf rund 2.000 Namen für Zehntausende ehemalige PKI-Gefangene keinerlei positive Wirkung hat. Sie werden seit ihrer Freilassung auf der Grundlage anderslautender Vorschriften weiterhin an der Ausreise aus Indonesien gehindert.

Oppositionelle Stimmen

Die staatliche Repression hat oppositionelle Strömungen nicht unterbinden können. Vertreter einer Vielzahl gesellschaftlicher und politischer Gruppierungen begleiten nach wie vor die Politik der Regierung mit kritischer Distanz, unter ihnen moslemische Aktivisten, pensionierte Staatsdiener und Armeeoffiziere, Intellektuelle, Studenten, Bauern und Gewerkschafter.

Angesichts der Einschränkungen, denen die bürgerlichen und politischen Rechte in Indonesien unterliegen, ist es für die genannten Gruppierungen schwer und auch fruchtlos, ihren Positionen über die üblichen politischen Kanäle Ausdruck zu verleihen. Aus diesem Grunde beschreiten sie oftmals den informellen Weg über Demonstrationen und wilde Streiks, über literarische Lesungen und Theaterinszenierungen oder über die Bildung autonomer Religionsgemeinschaften, um ihre Standpunkte zu artikulieren. Ihre Absage an den Konformismus dient den Polizei- und Militärbehörden als Vorwand, im Namen von „Recht und Ordnung“ gewaltsam intervenieren zu können.

87 Prozent der indonesischen Bevölkerung bekennen sich zum moslemischen Glauben. Indonesien ist somit der Staat mit der größten islamischen Bevölkerung der Welt. Dennoch ist der Islam ungeachtet seiner Stellung als vorherrschende Religion oftmals Kristallisationspunkt für dissidente Strömungen gewesen. In den ersten Jahrzehnten nach Erlangung der Unabhängigkeit etwa haben in Indonesien verschiedene islamische Gruppen - zum Teil mit gewaltsamen Mitteln - den sekulären Charakter des neuen Staates bekämpft. Daraus resultieren bis heute Befürchtungen über eine mögliche Bedrohung der indonesischen Nation durch den Islam.

In der jüngeren Vergangenheit haben islamische Gruppen ihrem Unmut über die Politik der indonesischen Regierung hingegen eher auf friedliche Weise Ausdruck verliehen. Mitte der 80er Jahre beispielsweise haben moslemische Gelehrte und Aktivisten offen Kritik an der offiziellen Wirtschafts- und Sozialpolitik geübt und die Durchsetzung ideologischer Uniformität zu Lasten der islamischen Lehre beklagt. Die Reaktion der Regierung bestand in der Inhaftierung Hunderter moslemischer Führer und der Inkraftsetzung von Rechtsvorschriften, die darauf abzielten, die politische Macht des Islam einzudämmen. Von dieser Linie ist sie allerdings wieder abgekommen. Präsident Suharto und sein Zirkel haben in den letzten fünf Jahren vielmehr verstärkt versucht, islamische Führungspersönlichkeiten und Intellektuelle zu hofieren. Dennoch bildet der Islam auch weiterhin ein Forum, in dem sich Widerspruch gegen bestimmte Regierungspläne und -praktiken artikulieren kann.

Auch aus gemäßigten Dissidentenkreisen, denen ehemalige Mitglieder des Militärs und Politiker, Intellektuelle und einflußreiche religiöse Führer angehören, ist deutliche Kritik an der Regierung geübt worden. Zu den wohl bekanntesten dieser Gruppen zählt seit mehr als einem Jahrzehnt die „Gruppe der 50“, so genannt nach den 50 Unterzeichnern einer 1980 an das indonesische Parlament gerichteten Petition, mit der gegen den verfassungswidrigen und autoritären Führungsstil der Regierung protestiert worden war. Mitglieder der Gruppe wurden nach Bekanntwerden der Petition auf die „schwarze Liste“ gesetzt. Der dafür verantwortliche Admiral, der sich mittlerweile im Ruhestand befindet, begründete in der *Jakarta Post* vom 13. Juli 1993 die damaligen Sanktionen wie folgt: „(Ihre Erklärungen) hätten unsere Bemühungen um Hilfsgelder zunichte gemacht. Deshalb haben wir sie als präventive Maßnahme unterbunden.“

Jugendliche und Studenten haben in der indonesischen Politik ebenfalls eine maßgebliche Rolle gespielt. Nach dem Putsch von 1965 galten sie als wichtige Stütze der Koalition

10. März 1991. Kleinbauern aus einer Ortschaft in West-Java demonstrieren vor dem Parlamentsgebäude in Jakarta. Sie verlangen eine gerechte Entschädigung für den Verlust von Land, auf dem ein Golfplatz entstehen soll. © AFP

aus Militärs und Zivilisten, die die damalige Zerschlagung der PKI und den Rückritt von Präsident Sukarno betrieben hat. In den 70er Jahren protestierten zunehmen junge Menschen Indonesiens gegen die „Neue Ordnung“ der Regierung Suharto. Auf eine Welle von Demonstrationen gegen die Regierungspolitik in den Jahren 1974 und 1978/79 reagierten die Behörden jeweils mit der Inhaftierung von Studentenführern und der Verabschiedung von Gesetzen, die die Teilnahme der Studentenschaft am politischen Leben des Landes einschränkten.

Die genannten Maßnahmen hatten zur Folge, daß in den 80er Jahren in Indonesien eine aktive politische Studentenbewegung faktisch nicht existierte. Erst durch das Klima zunehmender politischer Offenheit Anfang der 90er Jahre fühlte sich die Jugend und Studentenschaft des Landes wieder zu politischer Betätigung ermutigt. Zusammen mit Arbeitern, Kleinbauern und anderen gesellschaftlichen Gruppen begannen sie, Demonstrationen und Kampagnen zu organisieren und sich für Menschenrechte und Demokratie zu engagieren. Ihre Aktivitäten brachten sie jedoch vielfach erneut in Konflikt mit der „Neuen Ordnung.“ Zahlreiche Studenten wurden in der Folge festgenommen.

In den letzten Jahren ist eine Vielzahl von Dorfgemeinschaften zwangsweise von ihren Ländereien vertrieben worden, um privaten Bauvorhaben und Entwicklungsprojekten Platz zu machen. Ein Großteil der betroffenen Gemeinden hat sich den Vertreibungen widersetzt oder angemessene Entschädigungsleistungen für den Verlust ihres Grund und Bodens geltend gemacht. Obwohl die Proteste überwiegend friedlich verliefen, haben die Behörden darauf mit repressiven Maßnahmen wie Einschüchterungen, Kurzzeitinhaftierungen, strafrechtlichen Schritten und Mißhandlungen reagiert. Darüber hinaus haben sie „Drittparteien“ beschuldigt, Landkonflikte für subversive politische Absichten zu instrumentalisieren.

Insbesondere in den letzten drei Jahren, in denen sich die indonesische Regierung zunehmend mit Arbeiterprotesten kon-

Streikende Arbeiterinnen in Sidaardjo in Ost-Java 1993. Trotz massiver Einschränkungen des Streikrechts und der Organisationsfreiheit sieht sich die indonesische Regierung zunehmend mit Arbeiterprotesten konfrontiert. © ai

frontiert sieht, wurden vielfach auch den Aktivisten der Arbeiterbewegung subversive politische Motive unterstellt. Das Streikrecht unterliegt in Indonesien einschneidenden Beschränkungen, ebenso das Recht auf Bildung von und Mitgliedschaft in freien Gewerkschaften. Offiziell anerkannt ist lediglich die von der Regierung abhängige Gesamtindonesische Arbeitergewerkschaft *(Serikat Pekerja Seluruh Indonesia - SPSI)*. Die Tätigkeit unabhängiger Interessenvertretungen, wozu beispielsweise die Indonesische Gewerkschaft für den Wohlstand der Arbeiter *(Serikat Buruh Sejahtera Indonesia - SBSI)* zählt, haben die Behörden hingegen durch Einschüchterungsmaßnahmen, Verhaftungen und andere Repressalien zu unterbinden versucht. Militär und Polizei greifen routinemäßig selbst in gewaltfreie Arbeitskämpfe direkt ein. Um Arbeiter und Gewerkschaftsaktivisten zum Schweigen zu bringen, schrekken die Militärbehörden bisweilen nicht einmal vor Mißhandlungen und Folterungen, einschließlich Vergewaltigungen, zurück. Auch von Tötungen hat amnesty international Kenntnis erhalten. Häufiger allerdings besteht die Intervention der Streitkräfte darin, daß sie Arbeiterführer zu den Militärstützpunkten zitieren, sie der Nähe zum Kommunismus bezichtigen und ihnen Inhaftierung oder körperliche Gewalt androhen, falls sie ihre Tätigkeit fortsetzen.

Zu den Forderungen der Streikenden zählten in den vergangenen Jahren in erster Linie bessere Arbeitsbedingungen und eine Erhöhung der Löhne, die mit rund DM 2,30 pro Tag zu den niedrigsten in Asien gehören. Einige der Streiks galten darüber hinaus der Bekräftigung von Forderungen nach Organisationsfreiheit, nach Beendigung der Eingriffe des Militärs in Arbeitskämpfe und nach angemessenen Ermittlungen zur Aufklärung von Menschenrechtsverletzungen an Arbeitern. Das Büro des Handelsbeauftragten der USA drohte im Juni 1993 gar mit einer Aufhebung der Handelsvergünstigungen für indonesische Exporte, falls beim Schutz international anerkannter Arbeiterrechte keine sichtbaren Verbesserungen eintreten.

DIE BEWAFFNETE OPPOSITION UND MASSNAHMEN DER AUFSTANDSBEKÄMPFUNG

Seit vielen Jahren bereits sieht sich die indonesische Regierung mit den Aktivitäten oppositioneller Gruppen konfrontiert, die für die Unabhängigkeit von Osttimor, Aceh und Irian Jaya eintreten. Die behördliche Reaktion auf diese Bestrebungen bestand in der Durchführung massiver Operationen der Aufstandsbekämpfung, die in den betroffenen Regionen oft schwere Menschenrechtsverletzungen zur Folge hatten. Aber auch bewaffnete Oppositionsgruppen müssen sich abscheuliche Übergriffe vorhalten lassen.

Die in Aceh, Osttimor und Irian Jaya geführten Kampagnen der Aufstandsbekämpfung folgen einem einheitlichen Muster. Die üblicherweise geltenden rechtlichen Verfahren werden aufgeweicht oder von den Behörden gänzlich ignoriert und der Schutz der Menschenrechte den Erfordernissen der nationalen Einheit, Sicherheit und Stabilität untergeordnet. Angehörige der Sicherheitskräfte und deren Hilfstruppen handeln in dem Gefühl, Menschenrechtsverletzungen begehen zu können, ohne sich dafür strafrechtlich verantworten zu müssen. Bestimmte Merkmale der indonesischen Streitkräfte und insbesondere ihrer speziellen Aufstandsbekämpfungseinheiten stehen mit den genannten Problemen in unmittelbarem Zusammenhang.

Die Territorialstruktur der Streitkräfte erleichtert intensive Überwachungspraktiken wie die Errichtung von Kontrollpunkten, die Verhängung nächtlicher Ausgangssperren, Hausdurchsuchungen und Massenverhaftungen. In Regionen, in denen Elitetruppen stationiert sind, ist eine dramatische Zunahme schwerer Menschenrechtsverletzungen festzustellen, was zum Teil in den Methoden, Traditionen und Vollmachten dieser Einheiten begründet liegt, die zur Anwendung aller nur denkbaren Mittel berechtigt sind, um Widerstand zu brechen. Darüber hinaus bedeutet die Anwesenheit von Elitetruppen in einer Region, daß sich dort die politischen Machtverhältnisse verschieben. Da ihre Entsendung auf direkte Weisung des Staatspräsidenten und des Oberbefehlshabers der Streitkräfte erfolgt, wird dem Militär eine nahezu unanfechtbare politische Autorität verliehen. Zur Vernichtung des „Feindes" ist praktisch jedes Mittel erlaubt.

Ein zentrales Element der Aufstandsbekämpfungsstrategie in Indonesien stellt die „militärisch-zivile Zusammenarbeit" dar, offiziell bekannt als „totales Verteidigungs- und Sicherheitssystem des Volkes". Unter gewöhnlichen Bedingungen handelt es sich hierbei um Maßnahmen zur Überwachung der Bevölkerung und zur Identifizierung politischer Gegner. Vor allem in Konfliktgebieten besteht für Zivilisten, die zur Zusammenarbeit mit dem Militär genötigt werden, ein erhebliches Gefährdungspotential. In Osttimor und Aceh beispielsweise verfolgt man eine als „lebende Zäune" bekannte Taktik: Dorfbewohner werden gezwungen, vor den nachrückenden

Truppen ein bestimmtes Gelände zu durchkämmen, Rebellen aufzuspüren und sie an der Erwiderung des Feuers zu hindern.

Örtliche Vigilantengruppen und vom Militär aufgestellte nächtliche Zivilpatrouillen sind in die Strategie der Aufstandsbekämpfung umfassend eingebunden. Sie rekrutieren sich üblicherweise aus 20 bis 30 jungen Männern aus Ortschaften, die in Gebieten liegen, in denen sich angeblich Rebellen aufhalten. Ihr Einsatz dient nach den Worten eines örtlichen Militärkommandanten, zitiert in der Tageszeitung *Kompas* vom 11. Juli 1991, dem folgenden Zweck: „Die jungen Leute bilden die Frontlinie. Sie wissen am besten, wer (die Rebellen) sind. Anschließend erledigen wir die Sache."

Zur Aufstandsbekämpfungsstrategie in Indonesien zählen ferner Kampagnen des Militärs, die darauf abzielen, Zivilisten zu ermutigen, vermeintliche Rebellen zu bespitzeln, sie bei den Behörden zu denunzieren oder sie sogar zu töten. Generalmajor H.R. Pramono etwa erklärte am 17. November 1990 kurz nach seiner Ernennung zum Militärkommandanten von Aceh gegenüber der Zeitschrift *Tempo*: „Ich habe der Bevölkerung gesagt, wenn Ihr einen Terroristen findet, dann tötet ihn. Es besteht keine Notwendigkeit, ihn vorher zu überprüfen. Laßt nicht zu, daß Menschen zu Opfern werden. Wenn sie nicht tun, was Ihr ihnen befiehlt, dann erschießt sie auf der Stelle oder metzelt sie nieder. Ich sage den Leuten, sie sollen scharfe Waffen bei sich führen. Eine Machete oder etwas in der Art. Wenn Ihr einen Terroristen findet, dann tötet ihn."

OSTTIMOR

Die Insel Timor liegt rund 640 Kilometer nördlich von Australien und ist gut 2.000 Kilometer von der indonesischen Hauptstadt Jakarta entfernt. Der Ostteil der Insel, Osttimor also, stand bis 1975 unter portugiesischer Kolonialverwaltung. Nach einer kurzen Phase des Bürgerkriegs erklärte im November 1975 die Revolutionäre Front für ein unabhängiges Osttimor *(Frente Revolucionaria de Timor Leste Independente - Fretilin)* den Ostteil der Insel für unabhängig. Bereits einen Monat später besetzten unter dem Vorwand, den Bürgerkrieg beenden zu wollen, indonesische Truppen das osttimoresische Territorium.

Im Juli 1976 erklärte die Regierung in Jakarta Osttimor zur 27. Provinz Indonesiens, doch haben die Vereinten Nationen bis zum heutigen Tag eine indonesische Staatshoheit über Osttimor nicht anerkannt. Einige ausländische Regierungen, darunter die der USA, haben die Gebietsansprüche Indonesiens auf Osttimor *de facto* anerkannt, Australien auch formal. Den Betroffenen selbst, den Menschen in Osttimor, ist bislang keine Gelegenheit gegeben worden, in einem freien und fairen Referendum ihr Recht auf Selbstbestimmung auszuüben.

Ein indonesischer Soldat auf Patrouillengang in Osttimor. © Steve Cox

Weder die massive Präsenz indonesischer Truppen in Osttimor noch die schweren und weitverbreiteten Menschenrechtsverletzungen haben den Widerstand gegen die indonesische Herrschaft ersticken können. Nach der Okkupation 1975 haben vor allem die *Fretilin* und ihr bewaffneter Flügel *Falintil* über viele Jahre hinweg den Kampf gegen die indonesischen Besatzer angeführt. Ende der 80er Jahre schlossen sich die *Fretilin*, die Demokratische Union Timors *(União Democratica Timorense - UDT)* und andere für die Unabhängigkeit Osttimors eintretende Gruppierungen zum Nationalen Widerstandsrat der Maubere *(Conselho Nacionalista Resistência Maubere - CNRM)* zusammen. Zwar sind auch heute noch kleinere Guerillaverbände in Osttimor aktiv, überwiegend äußert sich der Widerstand gegen die indonesische Verwaltung jedoch in gewaltfreien Aktionen, getragen von Bauern, Studenten, jungen Menschen und Beamten.

Die indonesische Regierung hat wiederholt angekündigt, Truppen aus Osttimor abziehen zu wollen. Dessenungeachtet befanden sich dort nach Angaben aus Kreisen des Militärs Anfang 1994 weiterhin neun Armeebataillone mit einer Gesamtstärke von rund 6.000 Mann stationiert. Der Abzug eines Bataillons Ende 1993 hatte lediglich zur Folge, daß als Ersatz umgehend andere Truppeneinheiten nach Osttimor entsandt wurden, darunter eine 200 Soldaten starke KOSTRAD-Einheit und ein Kontingent der *Brimob*.

ACEH

Aceh mit seinen 3,4 Millionen Einwohnern liegt an der Nordspitze der Insel Sumatra, etwa 1.600 Kilometer von der indonesischen Hauptstadt Jakarta entfernt. Die Provinz war Sitz eines der frühesten islamischen Sultanate in Südostasien und

Indonesische Truppen in den Straßen von Banda Aceh. Im Zuge von Operationen zur Niederschlagung der bewaffneten Oppositionsgruppe Aceh Merdeka sind zwischen 1989 und 1990 rund 2.000 Zivilisten von Regierungskräften getötet worden. © Tempo

blickt auf ein reiches kulturelles Erbe und eine lange Tradition des Widerstandes gegen Fremdbeherrschung zurück. An diese Tradition hat die bewaffnete Unabhängigkeitsbewegung *Aceh Merdeka* (Freies Aceh), als sie am 4. Dezember 1976 einseitig die Unabhängigkeit von Aceh erklärte, angeknüpft. In der Bevölkerung haben Bestrebungen nach Unabhängigkeit in den letzten Jahren generell an Rückhalt gewonnen. Zurückzuführen ist dies auf den Unmut der Bewohner Acehs über die ungleiche Verteilung des Nutzens aus der industriellen Entwicklung der Region und über die wirtschaftliche Konkurrenz durch Einwanderer sowie die Wahrnehmung, daß Militärbehörden und Zentralregierung den örtlichen Bräuchen und der Religion nicht die gebotene Achtung entgegenbringen.

Bis 1989 hatten sich die Separatisten von *Aceh Merdeka* bei einem beträchtlichen Teil der Bevölkerung, vor allem in den nordöstlichen Bezirken, Sympathien erwerben können.

Mitte 1990 vom Militär gestartete Operationen zur Aufstandsbekämpfung schränkten jedoch den Bewegungsspielraum der Rebellen in den ländlichen Regionen deutlich ein und führten dadurch zu einer Schwächung ihrer militärischen Position. Schon im März 1991 gaben Regierung und Militärbehörden die Zerschlagung von *Aceh Merdeka* bekannt. Bis Ende des Jahres war tatsächlich ein großer Teil der militärischen Führung der Organisation entweder getötet oder gefangengenommen worden. Dennoch verübten Rebellen von *Aceh Merdeka* auch weiterhin sporadisch Anschläge auf militärische und polizeiliche Einrichtungen.

IRIAN JAYA

Als Indonesien 1949 die Unabhängigkeit erlangte, verblieb Irian Jaya - damals als Niederländisch-Neuguinea bekannt - unter holländischer Verwaltung. Erst am 1. Mai 1963 wurde Indonesien die *De-facto*-Hoheit über das Gebiet übertragen. 1969 führten die indonesischen Behörden eine Volksabstimmung über den künftigen politischen Status von Irian Jaya durch. Trotz einer starken Opposition gegen die Indonesier endete das Plebiszit mit der Befürwortung eines Zusammenschlusses.

Gegen den Zusammenschluß mit Indonesien hatte sich bereits 1963 Widerstand geregt, der bis heute nicht verstummt ist. Eine maßgebliche Ursache für die politischen Spannungen liegt in den zum Teil vorhandenen, zum Teil aber auch nur übersteigert wahrgenommenen kulturellen und ethnischen Unterschieden zwischen den einheimischen Melanesiern und aus anderen Teilen Indonesiens eingewanderten Siedlern. Die als „Transmigration“ bezeichnete Umsiedlung von Indonesiern nach Irian Jaya wird von der dortigen Bevölkerung als Versuch der indonesischen Behörden, eine Kolonisierungs- und

Straßenbauprojekt in Irian Jaya. Die wirtschaftliche Erschließung der Region und die Zerstörung natürlicher Ressourcen hat verbreitet Proteste in der einheimischen Bevölkerung ausgelöst.

© Michael K. Nichols / Magnum

Assimilierungspolitik zu betreiben, abgelehnt. Auch die Ausbeutung der Bodenschätze durch staatliche und private Unternehmen, die Ängste um den Verlust traditioneller Rechte und um Umweltschäden haben aufkommen lassen, schüren die Opposition gegen die indonesische Herrschaft.

Eine der prominentesten Gruppen, die für die Unabhängigkeit von Irian Jaya eintreten, ist die *Organisasi Papua Merdeka* (OPM). Die Zahl ihrer Kämpfer wird von offizieller Seite auf nicht mehr als ein paar hundert geschätzt. Mit den Zielen der OPM sympathisieren jedoch weitaus mehr Menschen. Während die OPM sich offen zum bewaffneten Kampf bekennt, geben andere Befürworter der Unabhängigkeit ihren Forderungen gewaltfrei Ausdruck, indem sie Demonstrationen organisieren, an bestimmten regionalen Feiertagen die eigene Flagge hissen, politische Diskussionsgruppen veranstalten und Appelle an die Vereinten Nationen oder andere internationale Gremien richten.

ÜBERGRIFFE DURCH OPPOSITIONSGRUPPEN

Den drei größten Oppositionsgruppen in Indonesien und Osttimor wird von verschiedenen Seiten der Vorwurf gemacht, ihrerseits für schwere Übergriffe wie vorsätzliche und willkürliche Tötungen, Folterungen und Geiselnahmen verantwortlich zu sein. Da der Zugang zu den betreffenden Gebieten strikt begrenzt ist und die bekanntgewordenen Informationen meist wenig beweiskräftig sind, erweist es sich als schwierig, den Wahrheitsgehalt entsprechender Vorwürfe im einzelnen zu überprüfen. Dennoch sollten sie außerordentlich ernstgenommen werden.

Die indonesischen Behörden haben Anhänger der *Fretilin* wiederholt des Verstoßes gegen die Menschenrechte beschuldigt, ihnen beispielsweise die Folterung und Tötung vermeintlicher Informanten zur Last gelegt. Detailangaben, die eine Überprüfung der Vorwürfe ermöglicht hätten, wurden hingegen gewöhnlich nicht mitgeteilt. Eine Reihe fundiert dokumentierter Berichte über Übergriffe durch oppositionelle Kräfte sind amnesty international vielmehr aus unabhängigen Quellen zugegangen. Aus den Reihen der *Fretilin* ist beispielsweise bekanntgeworden; daß die Organisation 1983 mehrere Osttimoresen, die im Verdacht standen, mit der indonesischen Seite zu kollaborieren, vorsätzlich getötet hat. Auch in den letzten Jahren scheinen Übergriffe der *Fretilin* stattgefunden zu haben, wenn auch nicht mehr in dem Ausmaß wie zuvor.

Aus Verlautbarungen des indonesischen Militärs und Berichten der lokalen Medien geht hervor, daß die Rebellenorganisation *Aceh Merdeka* in den Jahren 1989 und 1990 ebenfalls schwere Übergriffe begangen hat. Bei den Opfern ihrer Anschläge handelte es sich anfänglich fast ausnahmslos um Angehörige von Polizei und Militär. So soll bis April 1990 lediglich ein Zivilist, ein vermeintlicher Informant, von den Rebellen getötet worden sein. Nach offiziellen Angaben nahm die Zahl der Gewaltakte gegen die Zivilbevölkerung im Mai

1990 jedoch drastisch zu. Im Juni verschärfte sich die Situation nochmals, bis die Regierung schließlich die Stationierung zusätzlicher Truppen zur Aufstandsbekämpfung in der Region ankündigte. Zu den Opfern der Anschläge von *Aceh Merdeka* zählten in erster Linie vermeintliche Informanten und nicht aus Aceh stammende Bewohner von Transmigrationsdörfern in Aceh Timur und Aceh Utara. Bis Ende Juni waren mindestens 30 Zivilisten ermordet worden. Darüber hinaus waren mehrere tausend Transmigranten aus Furcht vor weiteren Drohungen und Schikanen, für die *Aceh Merdeka* verantwortlich gewesen sein soll, aus ihren Dörfern geflüchtet.

Der in Irian Jaya aktiven Separatistenorganisation OPM wird zur Last gelegt, im März 1988 einen Anschlag auf ein Transmigrationsdorf in der Nähe von Jayapura verübt zu haben, bei dem mindestens 13 Zivilisten getötet und weitere rund 17 verwundet wurden. Ein Überfall der OPM auf zwei andere von Umsiedlern bewohnte Ortschaften im Dezember 1989 forderte ebenfalls mindestens drei Menschenleben. Im November 1990 nahmen OPM-Guerillas in Amanab in Papua-Neuguinea sechs Personen, unter ihnen zwei ausländische Missionare, gefangen und hielten sie nahezu zwei Wochen lang in Geiselhaft, um auf diese Weise von der Regierung Papua-Neuguineas die Anerkennung des unabhängigen Staates „West-Papua" zu erzwingen.

amnesty international verurteilt die genannten Gewaltakte und ruft die Führungsgremien von *Fretilin*, *Aceh Merdeka* und OPM auf, weitere Übergriffe zu unterbinden und die Grundsätze des humanitären Völkerrechts zu achten. Davon unberührt gilt, daß die Anwendung von Gewalt durch bewaffnete Oppositionsgruppen niemals eine Rechtfertigung für Menschenrechtsverletzungen durch staatliche Kräfte darstellen kann. Regierungen kommt in unvergleichlicher Weise Verantwortung für den Schutz der Menschenrechte zu. Werden sie dieser Verantwortung nicht gerecht, bestärken sie auch andere in dem Gefühl, daß die Menschenrechte keinen Wert besitzen.

RECHT, GESETZ UND STRAFFREIHEIT

Die indonesische Regierung und die Militärbehörden des Landes machen geltend, die „Neue Ordnung“ basiere auf rechtsstaatlichen Grundsätzen, und nicht auf politischer Macht. Diese Aussage trifft nur zum Teil zu. Wie jedes andere Rechtssystem spiegelt auch das Indonesiens die politischen Machtstrukturen wieder und trägt zu deren Aufrechterhaltung bei. Die Dominanz von Militär und Exekutive in Indonesien findet ihren Ausdruck in vier miteinander verflochtenen Teilaspekten der Rechtsordnung. Es sind dies: Fehlen einer unabhängigen Gerichtsbarkeit; repressive Gesetze und Verordnungen; eine willkürliche Rechtsanwendung und die Straflosigkeit der für Menschenrechtsverletzungen Verantwortlichen.

ABHÄNGIGE GERICHTSBARKEIT

Formalrechtlich ist die indonesische Justiz von der Exekutive unabhängig. Die Realität jedoch sieht anders aus. Vor allem in politischen Prozessen wird augenfällig, welch weitreichenden Einschränkungen die Unabhängigkeit der Justiz unterliegt. Kennzeichnend für Verfahren mit politischem Hintergrund ist, daß das Militär unangefochtene Autorität besitzt, daß die Staatsanwaltschaft sich den Weisungen der Regierung fügt und daß die Richter Urteile vermeiden, die Regierung oder Sicherheitskräfte in Verlegenheit bringen könnten.

Die fehlende Unabhängigkeit der Justiz beruht zum Teil auf institutionellen Rahmenbedingungen. Die Tatsache, daß die Gerichte dem Justizministerium unterstellt sind, macht Richter, Gerichtsbeamte und Staatsanwälte insoweit von der Exekutive abhängig, als diese über Gehälter, Beförderungen und andere Leistungen zu entscheiden hat. Wer sich den Maßgaben von Regierung und Militär nicht beugt, muß mit dem Ende seiner beruflichen Karriere rechnen.

Die Unabhängigkeit der Justiz wird ferner durch eine Reihe von Gesetzen und Verordnungen ausgehöhlt. Für alle im staatlichen Sektor Beschäftigten, die Richter eingeschlossen, ist die Mitgliedschaft in der einzigen in Indonesien existierenden Beamtenvereinigung KORPRI Pflicht. Die Aufsicht über KORPRI obliegt dem einflußreichen Innenministerium. Selbst eine direkte Einmischung des Staatspräsidenten in juristische Angelegenheiten ist grundsätzlich nicht ausgeschlossen, da es ihm zusteht, Fälle zu benennen, in denen er Strafverfolgungsmaßnahmen für notwendig erachtet. Der Oberste Gerichtshof kann zwar Verordnungen und Weisungen der Regierung auf ihre Rechtmäßigkeit hin prüfen, verfügt hingegen nicht über die Befugnis, eine umfassende juristische Bewertung vorzunehmen.

Doch sind es nicht nur institutionelle und rechtliche Fragwürdigkeiten, die die Unabhängigkeit der Justiz untergraben.

Schwerwiegende Beeinträchtigungen ergeben sich auch daraus, daß existierende Rechtsgarantien auf Autonomie und Unparteilichkeit insbesondere vom Militär routinemäßig mißachtet werden. Wohltönende Gesetze können nicht darüber hinwegtäuschen, daß die indonesische Justiz als verlängerter Arm der Regierung fungiert. Dies hat sich in nahezu allen politischen Prozessen gezeigt und läßt sich auch anhand der Tatsache belegen, daß die für Menschenrechtsverletzungen Verantwortlichen nur äußerst selten vor Gericht für ihre Verbrechen zur Rechenschaft gezogen werden.

REPRESSIVE GESETZE

In Indonesien existiert eine Vielzahl repressiver Gesetze und Verordnungen, auf deren Grundlage tatsächliche oder vermeintliche Oppositionelle in Haft genommen und sogar zum Tode verurteilt worden sind. Die Anwendung dieser Gesetze dient zugleich der Warnung an potentielle Dissidenten, sich nicht an regierungsfeindlichen Aktivitäten zu beteiligen. Bestimmte verfahrensrechtliche Vorschriften der genannten Paragraphenwerke leisten darüber hinaus anderen Formen von Menschenrechtsverletzungen Vorschub. Neugeschaffene Gesetze über die Gerichtsbarkeit sowie neue Strafverfahrensvorschriften enthalten zwar gegenüber der vorherigen Rechtslage deutlich verbesserte Regelungen, die jedoch in der Praxis kaum greifen, da sie von seiten der Behörden weitgehend mißachtet werden.

Das derzeit geltende Strafrecht datiert noch aus der Zeit der Kolonialherrschaft. Da es ein Vermächtnis der kolonialen Vergangenheit darstellt, will die Regierung es reformieren, doch dürften von dieser Initiative keine Wirkungen auf die insgesamt repressive Gesetzeslage in Indonesien ausgehen. In den momentan in Beratung befindlichen Entwurf für ein neues

Strafgesetzbuch haben praktisch sämtliche der bislang geltenden Sicherheitsgesetze in nahezu unveränderter Form Eingang gefunden. Überdies finden sich die besonders repressiven Vorschriften in Präsidial- und Ministerialdekreten und -direktiven, die von etwaigen neuen strafrechtlichen Regelungen überhaupt nicht tangiert werden.

Das Anti-Subversions-Gesetz

Eckpfeiler der repressiven Rechtsvorschriften in Indonesien ist das 1963 ursprünglich als Präsidialdekret verkündete Anti-Subversions-Gesetz, auf dessen Grundlage Hunderttausende vermeintliche Regierungsgegner ohne Gerichtsverfahren in Haft genommen und Tausende andere in Schauprozessen abgeurteilt worden sind. Der vage Wortlaut des Gesetzes ermöglicht die strafrechtliche Verfolgung einer jeden Person, deren Äußerungen oder Handlungen als Störung der öffentlichen Ordnung oder als Kritik an *Pancasila*, der Regierung, ihren Institutionen und ihrer Politik angesehen werden.

Das Anti-Subversions-Gesetz leistet auch anderen Menschenrechtsverletzungen, wie etwa Inhaftierungen ohne Kontakt zur Außenwelt, Folterungen, dem „Verschwindenlassen“ und extralegalen Hinrichtungen Vorschub. Zentrale Vorschriften der Strafprozeßordnung, die den Schutz der Rechte inhaftierter Personen garantieren, finden auf Gefangene, die der „Subversion“ verdächtig sind, keine Anwendung. Das genannte Gesetz sieht härtere Strafen als jede andere zur Ahndung politischer Delikte erlassene Rechtsnorm vor und ermöglicht sogar die Verhängung der Todesstrafe. An die Schlüssigkeit der Beweismittel werden hingegen weitaus geringere Maßstäbe angelegt als in den ansonsten geltenden Beweisregeln vorgesehen, so daß die Behörden das Anti-Subversions-Gesetz gewöhnlich dann anwenden, wenn die Beweislage als unsicher gilt. Militär und Staatsanwaltschaft verfügen in Verfahren, die auf der Grundlage des Anti-Subversions-Gesetzes geführt werden, über außerordentliche Vollmachten, während dic Rechte der Häftlinge weitreichenden Einschränkungen unterliegen.

Rechtsanwälte, Parlamentarier und internationale Menschenrechtssachverständige wie der Sonderberichterstatter der Vereinten Nationen für Fragen der Folter haben wiederholt die Rücknahme des Anti-Subversions-Gesetzes gefordert. Einige erachten das Gesetz als nicht verfassungskonform, andere als unvereinbar mit geltenden Rechtsgrundsätzen und Normen. Einig sind sie sich darin, daß es ein Instrument der Repression darstellt.

Das Anti-Subversions-Gesetz, dessen Abschaffung bislang am Widerstand von Regierung und Justizbehörden gescheitert ist, findet nach wie vor verbreitet Anwendung. Regierungsvertreter haben sich jüngst sogar noch für eine Ausweitung seines Anwendungsbereiches ausgesprochen. Ihre Argumentation zeigt in aller Deutlichkeit, wie berechtigt die Bedenken gegen diese Rechtsvorschrift sind. Auf Forderungen nach Rücknahme des Anti-Subversions-Gesetzes angesprochen, beschuldigte etwa der Generalstaatsanwalt in der Zeitung *Republika* vom 5. Februar 1993 die Befürworter der Abschaffung ihrerseits der Subversion: „Diejenigen, die erklären, das Anti-Subversions-Gesetz sei unpopulär, haben doch nur die Absicht, ihrerseits subversive Handlungen zu begehen.“

Es liegen Anzeichen dafür vor, daß das Anti-Subversions-Gesetz mit geringfügigen Änderungen in das neue Strafgesetzbuch übernommen und ihm dadurch mehr Beständigkeit und eine größere Legitimität verliehen wird. Für die praktische Anwendung dürfte dies ohne Belang sein. Der einzige richtige Weg kann nur darin bestehen, das Anti-Subversions-Gesetz vollständig abzuschaffen, da es nachweislich dem Mißbrauch Tür und Tor öffnet.

Strafverfolgung wegen „Aufstachelung zum Haß"

In das neue Strafgesetzbuch werden wahrscheinlich eine Reihe von Paragraphen übernommen werden, die das „Schüren von Haß" gegen Regierungsvertreter unter Strafe stellen. Die entsprechenden Vorschriften *(Haatzaai Artikelen)* waren bereits Anfang des 20. Jahrhunderts von den holländischen Kolonialherren erlassen worden und haben nach der Unabhängigkeit zusammen mit den übrigen in der Kolonialzeit geschaffenen Strafrechtsnormen Eingang in das indonesische Strafgesetzbuch gefunden. Die lautstarke Kritik am Anti-Subversions-Gesetz hat offenbar dazu geführt, daß sich die Behörden in jüngster Zeit verstärkt der oben genannten Rechtsvorschriften bedienen, um vermeintliche politische Gegner einzuschüchtern oder zu inhaftieren.

Demonstration vom August 1993 gegen die strafrechtliche Verfolgung von zwei Studenten, denen die Anklage zur Last legte, gegenüber der Regierung feindselige Gefühle geäußert zu haben. Die entsprechenden Strafvorschriften stammen noch aus der Zeit der holländischen Kolonialverwaltung. © AFP

Es sind vor allem die Paragraphen 154, 155 und 160, die der Regierung eine Handhabe bieten, politischen Dissens zu unterdrücken. Nach Paragraph 154 kann „... die öffentliche Äußerung von Gefühlen der Feindseligkeit, des Hasses oder der Geringschätzung gegenüber der Regierung“ mit bis zu siebenjährigen Haftstrafen geahndet werden. Paragraph 155 verbietet die Äußerung solcher Gefühle oder Meinungen über die Medien und droht bei Zuwiderhandlung eine Höchststrafe von viereinhalb Jahren Freiheitsentzug an. Nach Paragraph 160 schließlich müssen Personen, die Dritte zur Nichtbefolgung von Regierungsanweisungen oder zum Gesetzesbruch „anstiften“, mit bis zu sechs Jahren Gefängnis rechnen. Auch Paragraph 134 des Strafgesetzbuchs, der für den Tatbestand der „Beleidigung des Präsidenten“ eine Höchststrafe von sechs Jahren Haft vorsieht, dient als Mittel der Repression, auch wenn er im allgemeinen nicht zur Kategorie der drei oben zitierten Vorschriften gezählt wird. Auf der Grundlage der genannten Paragraphen wurden bereits zahlreiche Teilnehmer friedlicher Protestveranstaltungen zu Freiheitsstrafen verurteilt. Es handelte sich ausnahmslos um gewaltlose politische Gefangene.

Die Strafverfahrensvorschriften

Nicht nur die Existenz repressiver Rechtsvorschriften, auch die oftmals willkürliche Art und Weise, in der Gesetze - selbst die in jeder Hinsicht mustergültigen - ausgelegt und angewandt werden, wirken sich im höchsten Grade nachteilig auf die Menschenrechtssituation in Indonesien aus. So werden Gesetze, die zumindest in einem gewissen Umfang die Rechte von Häftlingen und Angeklagten schützen, vielfach durch amtliche Durchführungsvorschriften wieder ausgehöhlt. Andere Gesetze, beispielsweise solche, die Garantien über die Rechte der Bürger des Landes enthalten oder die Macht des Staates eingrenzen, werden, sofern sie nicht ebenfalls durch

Verwaltungsrichtlinien in ihrer Substanz geschwächt sind, von Regierung und Militär häufig unverhohlen mißachtet. Besonders augenfällig läßt sich das Problem am Beispiel der Strafprozeßordnung und ihrer praktischen Umsetzung illustrieren.

Als die Strafprozeßordnung 1981 eingeführt wurde, bewerteten Juristen sie zu Recht als deutliche Verbesserung im Vergleich zu den bis dahin geltenden Strafverfahrensvorschriften. Begrüßt wurde insbesondere der vermehrte Schutz der Rechte von Häftlingen und Angeklagten. In der Praxis allerdings werden zentrale Bestimmungen des neuen Strafverfahrensrechts oftmals ignoriert oder ihre Umsetzung behindert. So verfügen Häftlinge zwar über einen verbrieften Anspruch auf Hinzuziehung eines Rechtsanwalts, dem jedoch bei den Verhören von den Behörden vielfach nicht Rechnung getragen wird. Polizei und Militär verweigern Gefangenen regelmäßig den Zugang zu ihren Familien und Anwälten und sabotieren systematisch Bemühungen um rechtlichen Beistand.

Die in der Strafprozeßordnung enthaltenen verfahrensrechtlichen Garantien werden darüber hinaus durch vom Justizministerium erlassene Durchführungsbestimmungen verwässert. Eine dieser Bestimmungen besagt beispielsweise, daß Häftlinge nur während der normalen Arbeitszeit Kontakt zu einem Rechtsanwalt aufnehmen dürfen. Vernehmungen aber finden häufig in den Nachtstunden, also außerhalb der regulären Arbeitszeit, statt. Laut Strafprozeßordnung sind die Ermittlungsbehörden auch nicht verpflichtet, Anwälte über bevorstehende Verhöre ihrer Mandanten zu informieren. Daß sie es vorziehen, die Anwälte nicht zu unterrichten, darf somit nicht verwundern. Eine andere ministerielle Verordnung, nach der Beratungen zwischen Gefangenen und ihren Verteidigern nur in Anwesenheit eines Strafvollzugsbeamten stattfinden dürfen, trägt ebenfalls zur Aushöhlung der Rechte inhaftierter Personen bei und läuft einer Soll-Vorschrift der Strafprozeßordnung zuwider, die Gespräche zwischen Anwalt und Mandant unter vier Augen vorsieht.

Verstöße gegen die im Strafverfahrensgesetz enthaltenen Garantien ziehen faktisch keinerlei rechtliche Sanktionen nach sich. So enthält die Strafprozeßordnung zwar ein ausdrückliches Verbot der Nötigung von straftatverdächtigen Personen und Zeugen, doch existieren keine eindeutigen Vorschriften, die den Gerichten die Verwendung von Informationen und Geständnissen, die auf unzulässige Weise erlangt worden sind, untersagen. Führt ein Angeklagter vor Gericht Beschwerde, daß sein Geständnis oder anderweitige Aussagen unter Zwangsmaßnahmen zustandegekommen sind, liegt es allein im Ermessen der Richter, ob sie die Beschwerde als Beweismittel zulassen. Gewöhnlich weisen sie Klagen wegen Nötigung ab oder nehmen sie einfach nicht zur Kenntnis, bisweilen sogar drohen sie dem Beschwerdeführer, ihn wegen Falschaussage rechtlich zu belangen.

Die fehlende Unabhängigkeit der indonesischen Justiz bringt es im übrigen mit sich, daß die dortigen Richter wenig geneigt sind, Vorwürfen über Verstöße gegen das Strafverfahrensrecht nachzugehen. Durch das mit Verabschiedung der neuen Strafprozeßordnung 1981 eingeführte System vorgerichtlicher Anhörungen ist zwar ein gewisser Kontrollmechanismus in Fällen, in denen während der Ermittlungsphase Folterungen stattgefunden haben, errichtet worden. Wenn es jedoch darum geht, Entscheidungen zuungunsten der Polizei oder anderer staatlicher Organe zu fällen, legt die indonesische Richterschaft größte Zurückhaltung an den Tag.

Die genannten Mißstände zeigen sich in besonderer Schärfe in den Fällen politischer Gefangener. So können sich Personen, die der Subversion angeklagt sind, auf bestimmte in der Strafprozeßordnung verankerte Rechtsschutzgarantien nicht berufen. Während das Strafverfahrensgesetz eine Befristung der Untersuchungshaft vorsieht und Inhaftierungen über einen Zeitraum von 60 Tagen hinaus von der Zustimmung eines Richers abhängig macht, ermöglicht es das Anti-Subversions-Gesetz, verdächtige Personen zunächst für einen Zeitraum von einem Jahr im Gewahrsam zu halten. Nach Ablauf dieser Frist kann die Haftzeit, sofern der Generalstaatsanwalt seine Einwilligung erteilt, unbegrenzt verlängert werden. Für politisch verdächtige Personen bedeutet diese Regelung, daß sie ganz nach Belieben örtlicher oder regionaler Militärbefehlshaber womöglich auf unabsehbare Zeit ihrer Freiheit beraubt werden. Nach den Buchstaben der Strafprozeßordnung ist allein die Polizei ermächtigt, Verhaftungen vorzunehmen und Ermittlungen durchzuführen. In politischen Fällen reklamieren jedoch die Militärbehörden eine entsprechende Zuständigkeit. Weitere Besonderheiten des Anti-Subversions-Gesetzes bestehen darin, daß es den Sicherheitskräften erweiterte Befugnisse für Durchsuchungen und Beschlagnahmungen überträgt und in die Rechte inhaftierter Personen auf Zugang zu juristischer Beratung und auf Kontakt zu Familienangehörigen und Ärzten in besonders schwerwiegender Weise eingreift. Tritt der seltene Fall ein, daß ein auf der Grundlage des Anti-Subversions-Gesetzes Angeklagter es wagt, vor Gericht Beschwerde über Folterungen oder Mißhandlungen zu führen, findet er bei den Richtern in der Regel noch weniger Gehör als andere Angeklagte.

MENSCHENRECHTE UND STRAFFREIHEIT

Die derzeitige Gesetzeslage in Indonesien ermöglicht es durchaus, die für Menschenrechtsverletzungen Verantwortlichen vor Gericht zu bringen. Die meisten Handlungen, die einen Verstoß gegen die Menschenrechte darstellen oder zu Menschenrechtsverletzungen beitragen, sind sowohl im normalen Strafrecht als auch im Militärrecht als Straftatbestände definiert. In der Praxis allerdings finden nur selten konsequente Untersuchungen zur Aufklärung von Menschenrechtsverletzungen statt, noch seltener kommt es zu Gerichtsverfahren. Während somit die Angehörigen der Sicherheitskräfte faktisch Schutz vor Strafverfolgung genießen, stehen den Opfern von Menschenrechtsverletzungen kaum effektive Mechanismen zur Verfügung, um Ansprüche auf Wiedergutmachung oder Entschädigung geltend machen zu können.

Das Problem der Straflosigkeit zeigt sich in krassester Form in denjenigen Fällen, in denen es sich bei den für Menschenrechtsverletzungen Verantwortlichen um Militärs und bei den Opfern um vermeintliche Oppositionelle handelt. In den zurückliegenden fünf Jahren wurde mit Ausnahme von zwei Soldaten nicht ein einziges Mitglied der Streitkräfte des Verstoßes gegen die Menschenrechte für schuldig befunden und verurteilt. Aber auch Polizei- und Gefängnisbeamte sowie Angehörige der von der Polizei ausgebildeten Wachtrupps werden für die von ihnen verübten Verbrechen nur selten zur Rechen-

Die indonesischen Sicherheitkräfte können sich nahezu vollständiger Straffreiheit sicher wähnen. Selbst schwerste Menschenrechtsverletzungen werden in der Regel nicht geahndet. © Steve Cox

schaft gezogen. Die Straflosigkeit, mit der die indonesischen Sicherheitskräfte agieren können, trägt dazu bei, daß die Spirale der Menschenrechtsverletzungen immer weitere Kreise zieht und sich verfestigt.

Die Geschichte des 16jährigen Schuhputzers Sofyan Lubis, der im September 1992 im Jugendgefängnis von Tanjung Gusta in Medan ums Leben gekommen ist, steht beispielhaft für zahlreiche ähnliche Schicksale. Glaubt man den Gefängnisbehörden, so erkrankte Sofyan Lubis plötzlich und unvorhergesehen und verstarb noch auf der Fahrt in die Klinik. Eine Obduktion der Leiche führte jedoch zu der Erkenntnis, daß der 16jährige eines „unnatürlichen" Todes gestorben war. Kurz nach seinem Tod versuchten Gefängnisbeamte, juristische Schritte in dem Fall zu verhindern, indem sie den Vater des Jungen aufforderten, die schriftliche Zusage zu geben, daß er weder eine zivilrechtliche Klage noch Strafantrag einreichen werde. Dieses Ansinnen lehnte der Vater jedoch ab. Nach Aussagen von Familienangehörigen des Toten und Rechtsanwälten wies die Leiche von Sofyan deutliche Folterspuren auf: In der Magengegend, am Brustkorb und im Halsbereich waren schwere Hämatome zu erkennen; es fehlten zwei Zähne, und aus Mund, Nase, Augen und Genitalien war Blut getreten. Eine Mitgefangene von Sofyan, die in einer der Nachbarzellen untergebracht war, gab darüber hinaus an, in der Nacht des Todes des 16jährigen aus seiner Zelle Schreie gehört zu haben. Dessenungeachtet gelangte eine Untersuchung durch das Justizministerium zu dem Schluß, daß der Tod von Sofyan nicht auf Folterungen zurückzuführen sei. Nach Protesten von Ärzten und der Familie des Jungen mußte das Ministerium allerdings später einräumen, daß sein Bericht „fehlerhaft" gewesen sei. Bei Drucklegung der vorliegenden Veröffentlichung Mitte 1994 war noch gegen keinen der mutmaßlich für den Tod von Sofyan Lubis verantwortlichen Gefängnisbeamten Anklage erhoben worden.

Die Ineffizienz innerstaatlicher Mechanismen, die für Menschenrechtsverletzungen Verantwortlichen vor Gericht zur Rechenschaft zu ziehen, unterstreicht die Bedeutung, die internationalen Standards und Schutzinstrumenten zukommt. Die indonesische Regierung ist jedoch trotz ihres erklärten Bekenntnisses zu universellen Menschenrechtsnormen noch keinem relevanten Menschenrechtsabkommen beigetreten, weder dem Internationalen Pakt über bürgerliche und politische Rechte (IPBPR) noch dem Übereinkommen der Vereinten Nationen gegen Folter und andere grausame, unmenschliche oder erniedrigende Behandlung oder Strafe. In der Mehrzahl hat sie nicht einmal die von den Vereinten Nationen seit 1992 unterbreiteten Empfehlungen hinsichtlich der Menschenrechtssituation in Indonesien und Osttimor umgesetzt.

Unzulängliche Ermittlungen

Eine der Wurzeln des Problems der Straflosigkeit in Indonesien besteht darin, daß Untersuchungen zur Aufklärung von Vorwürfen über Menschenrechtsverletzungen fast durchgängig von den Sicherheitskräften und gewöhnlich sogar von Angehörigen eben der Einheit durchgeführt werden, gegen die sich die Vorwürfe richten. Selbst wenn formal die Federführung für Ermittlungen anderen Regierungsorganen wie etwa dem Justizministerium oder eigens eingesetzten Kommissionen übertragen wird, sind jederzeit Einflußnahmen des Militärs zu gewärtigen.

Militär- und Regierungsbehörden begegnen Vorwürfen über Menschenrechtsverletzungen meist mit entschiedenen Dementis und verhindern damit die Aufnahme von Ermittlungen bereits im Ansatz. Lassen sich bestimmte Fakten nicht leugnen, versuchen sie, Übergriffe mit Belangen der nationalen Sicherheit, Stabilität und Einheit zu rechtfertigen. Mit dieser Argumentation wird Forderungen nach Ermittlungen oftmals der Boden entzogen und zugleich ein Klima erzeugt, das weiteren Menschenrechtsverletzungen Vorschub leistet. In Fällen, die in der Öffentlichkeit eine Flut von Protesten auslösen oder international Aufmerksamkeit erlangen, geben Militär- und Polizeibehörden üblicherweise die Zusicherung, daß man gegen die Täter, falls interne Ermittlungen Schuldbeweise zutage fördern, „geeignete Maßnahmen" ergreifen werde. Die Zuständigkeit für Ermittlungen, und darauf besteht man von offizieller Seite selbst bei schwersten Menschenrechtsverletzungen, liegt in der Regel allein bei Militär oder Polizei. Auch wird vehement der Standpunkt vertreten, daß Untersuchungsergebnisse nicht publik gemacht werden müssen.

Bisweilen trägt die indonesische Regierung nachdrücklicher Kritik aus dem In- und Ausland Rechnung, indem sie anderen staatlichen Organen als den Sicherheitskräften Ermittlungsbefugnisse erteilt. An den Unzulänglichkeiten der Untersuchungen ändert das kaum etwas. Die fehlende Unabhängigkeit und Unparteilichkeit offizieller Untersuchungskommissionen und eine nicht unbegründete Furcht vor Repressalien hält die Augenzeugen von Menschenrechtsverletzungen vielfach davon ab, offen über ihre Beobachtungen auszusagen. Da Art und Methodik der Ermittlungen gewöhnlich im unklaren bleiben, sind einer unabhängigen Bewertung etwaiger Ergebnisse enge Grenzen gesetzt. Eingehende Analysen von Untersuchungsbefunden führen häufig zu dem Schluß, daß Tatsachen falsch dargestellt und in erster Linie versucht worden ist, die Sicherheitskräfte von jeder Schuld reinzuwaschen. Offizielle Ermittlungen zur Aufklärung schwerer Menschenrechtsverletzungen finden fast durchgängig in dem Bestreben statt, von einer Verantwortung staatlicher Stellen abzulenken, indem geltend gemacht wird, daß die Sicherheitskräfte von Regierungsgegnern „provoziert" worden seien. Nicht zuletzt verhindern Aufgabenstellung und Untersuchungsgegenstand von Ermittlungskommissionen häufig jedwede Diskussion über die eigentlichen Ursachen von Menschenrechtsverletzungen.

Die genannten Defizite sind weitgehend auch in den offiziellen Ermittlungen im Zusammenhang mit dem Massaker von Santa Cruz am 12. November 1991 (siehe Seite 82) zutage getreten. Unter dem Druck des In- und Auslandes rief die indonesische Regierung damals eine nationale Kommission zur Untersuchung der Vorfälle ins Leben, die bereits nach einem Monat Ermittlungstätigkeit die von ihr gewonnenen Erkenntnisse publik machte. amnesty international hat den Bericht der Kommission einer eingehenden Überprüfung unterzogen und ist zu der Schlußfolgerung gelangt, daß Zusammensetzung und Vorgehensweise dieses Gremiums erheblichen Anlaß zu Beanstandungen geben und daß die vorgestellten Untersuchungsergebnisse in weiten Teilen unannehmbar sind. Den Kriterien der Unabhängigkeit, Unparteilichkeit und Glaubwürdigkeit, niedergelegt in den Grundsätzen der Vereinten Nationen für die effektive Verhinderung und Untersuchung extralegaler, willkürlicher und summarischer Hinrichtungen, ist die Kommission in keiner Weise gerecht geworden. Ihre Mitglieder verfügten nicht über das notwendige Expertenwissen, um eine Untersuchung durchzuführen. Sie waren weder in der Lage, Massengräber ausfindig zu machen, noch eine lückenlose Exhumierung der verscharrten Leichen und deren anschließende Obduktion verantwortlich zu beaufsichtigen. Die meisten Mitglieder der Kommission standen darüber hinaus in engem Kontakt zur Regierung oder zum Militär. Mit den überlebenden Augenzeugen des Massakers, die damals überwiegend im Gefängnis oder in Militärkrankenhäusern untergebracht waren, um ihre Verletzungen zu versorgen, konnten sie keine vertraulichen Gespräche führen. Daß die meisten Osttimoresen eine Aussage gegenüber der Kommission verweigerten, darf somit nicht erstaunen.

Der Untersuchungsbericht der Kommission ist entsprechend ausgefallen. In ihm wurde der Version des Militärs über den Ablauf des Geschehens übersteigerte Glaubwürdigkeit verliehen, während gegenteiliges Beweismaterial wie etwa Augenzeugenberichte ignoriert oder in fälschlicher Weise interpretiert wurden. Die Teilnehmer der Beisetzungszeremonie auf dem Friedhof von Santa Cruz etwa gelten laut Kommissionsbericht als die „Provokateure“ des Massakers, während Polizei und

Militär von Kritik weitestgehend verschont blieben. Mit ihrer Bewertung der Vorgänge hat die Kommission zu verstehen gegeben, daß die Anwendung tödlicher Gewalt oder anderer gesetzeswidriger Praktiken zur Unterdrückung friedlichen politischen Dissenses gerechtfertigt ist. Mehr als zwei Jahre nach Vorlage des Ermittlungsberichts hat die indonesische Regierung die weitaus meisten der Opfer des Massakers noch nicht namentlich identifiziert. Ebensowenig hat sie über das Schicksal von mehr als 200 Menschen Rechenschaft abgelegt, die seit dem Blutbad von Santa Cruz als „verschwunden" gelten.

Strafrechtliche Vorschriften

Folterungen, Morde und Entführungen gelten nach indonesischem Recht eindeutig als Straftatbestände. Sie sind auch im Militärgesetzbuch und in einer Reihe ministerieller Verordnungen als strafbare Delikte definiert. Das Militärgesetzbuch enthält darüber hinaus Vorschriften, die dem Mißbrauch staatlicher Gewalt durch Angehörige der Sicherheitskräfte Grenzen setzen und Beamten mit Befehlsgewalt die Verantwortung für die von ihren Untergebenen verübten Verbrechen übertragen. Die Gesetzes- und Verordnungslage ermöglicht also durchaus die strafrechtliche Verfolgung der für Menschenrechtsverletzungen Verantwortlichen und ihrer Vorgesetzten. In der Praxis allerdings stoßen derartige Bestrebungen auf politische und rechtliche Widerstände, die zur Folge haben, daß Verstöße gegen die Menschenrechte für die Täter nur äußerst selten strafrechtliche Sanktionen nach sich ziehen.

Vor allem Armeeangehörige und Mitglieder der mit Aufstandsbekämpfungsaufgaben betrauten Eliteeinheiten können mit weitestgehender Straffreiheit rechnen. Die Zahl der gegen Polizeibeamte angestrengten Gerichtsverfahren liegt nur unwesentlich höher. Ergehen ausnahmsweise Schuldsprüche, so bewegen sich die Strafmaße in der Regel an der unteren Grenze. Für den Tatbestand der Anwendung der Folter mit Todesfolge etwa ergehen üblicherweise Haftstrafen von nur wenigen Monaten. Freiheitsentzug von mehr als drei Jahren gilt als Seltenheit. Gefängnisbedienstete und Hilfskräfte der Polizei erhalten dagegen meist höhere Strafen. Diese Hierarchie in der Strafzumessung beziehungsweise Straffreiheit ist Ausdruck der politischen Macht, über die die jeweiligen Dienste und Sicherheitsorgane verfügen. Sie ist aber auch auf den Umstand zurückzuführen, daß sich Angehörige polizeilicher Hilfstruppen und Gefängniswärter vor Gerichten der zivilen Justiz verantworten müssen und damit eine gewisse öffentliche Kontrolle gegeben ist, während gegen Armee- und Polizeiangehörige vor Militärgerichten unter Ausschluß der Öffentlichkeit verhandelt wird.

In den wenigen Fällen, in denen Mitglieder der Sicherheitskräfte schwerer Menschenrechtsverletzungen für schuldig befunden worden sind oder die Regierung sich politischem Druck beugen mußte und zum Handeln gezwungen sah, wurden „Disziplinarmaßnahmen“ in Form von Degradierungen, Dienstversetzungen oder -suspendierungen oder Auflagen, an militärischen Übungen teilzunehmen, verhängt. Einige der jüngsten Vorfälle von Menschenrechtsverletzungen haben derartige disziplinarrechtliche Sanktionen nach sich gezogen. Da in der Vergangenheit selbst diese minimalen Maßregelungen praktisch undenkbar waren, kann ein gewisser Fortschritt und ein Bemühen konstatiert werden, die für Verstöße gegen die Menschenrechte Verantwortlichen zu bestrafen. Eine angemessene Reaktion auf Menschenrechtsverletzungen stellen sie dennoch bei weitem nicht dar. Oftmals hat es sogar den Anschein, als wolle man mit dem Verweis auf disziplinarische Sanktionen die für Menschenrechtsverbrechen Verantwortlichen vor härteren strafrechtlichen Konsequenzen bewahren. Sollte dies zutreffen, würde sich das Problem der Straflosigkeit weiter verschärfen.

Gegen Angehörige von Militär und Polizei ergehen nur selten Strafen, die freiheitsentziehende Maßnahmen beinhalten.

Meist führen an die Adresse der Sicherheitskräfte gerichtete Vorwürfe über Menschenrechtsverletzungen, selbst wenn sie weitgehend beweiskräftig untermauert sind, nicht einmal zur Einleitung eines Gerichtsverfahrens. Die indonesische Regierung muß sich die Frage stellen lassen, warum sie die für brutale Verstöße gegen die Menschenrechte Verantwortlichen nicht zur Rechenschaft zu ziehen bereit ist, der strafrechtlichen Verfolgung ihrer politischen Gegner jedoch alle Anstrengungen widmet.

Die Reaktion der Regierung auf das Massaker in Santa Cruz gibt dieser Frage erneute Berechtigung. Anfang 1992 beauftragten die Militärbehörden einen militärischen Ehrenrat mit der Untersuchung der Frage, inwieweit die Streitkräfte Schuld an dem Massaker trifft. Aufgrund der später vom Rat vorgelegten Empfehlungen wurden im Juni 1992 zehn Angehörige der Sicherheitskräfte wegen disziplinarischer Vergehen vor Gericht gestellt und mehrere hochrangige Offiziere ihrer Posten enthoben, eine Maßnahme, die man bis dahin noch niemals ergriffen hatte. Trotz der hohen Zahl von insgesamt 270 Toten und der Existenz fundierter Beweise, daß sowohl während als auch nach dem Massaker Menschen gefoltert worden sind, wurde gegen keinen der zehn vor Gericht gebrachten Sicherheitsbeamten Mordanklage erhoben. Lediglich ein Polizeioffizier mußte sich des Vorwurfs der Körperverletzung erwehren. Die Prozesse gegen die zehn endeten mit der Verhängung von Freiheitsstrafen zwischen acht und 18 Monaten. Sehr viel härter hingegen fielen die Strafen gegen osttimoresische Bürger aus, denen man zur Last legte, die friedliche Trauerkundgebung auf dem Friedhof von Santa Cruz organisiert zu haben. Sie wurden wegen Subversion oder anderer politischer Delikte bis zu lebenslangem Freiheitsentzug verurteilt.

Die Tatsache, daß Menschenrechtsverletzungen meist nicht geahndet werden und, falls dies ausnahmsweise doch geschieht, die Täter nur äußerst milde Strafen erhalten, darf angesichts der Struktur und Funktionsweise der indonesischen Militärjustiz nicht weiter verwundern. Ob ein Fall zur Verhandlung gelangt oder nicht, liegt beispielsweise im alleinigen Ermessen von Offizieren. Wird tatsächlich Strafanklage erhoben, so findet das Verfahren vor Militärgerichten statt, die unter Ausschluß der Öffentlichkeit tagen, wodurch ein wesentlicher Garant für eine unabhängige Rechtsprechung ausgeschaltet ist. Selbst die Urteile der Militärgerichte, sofern überhaupt Schuldsprüche ergehen, bleiben meist unter Verschluß, so daß von ihnen keine durchschlagende abschreckende Wirkung ausgehen kann. Wie viele andere Militärgerichtssysteme auch steht die indonesische Militärjustiz in dem Ruf, gegenüber Angehörigen der Sicherheitskräfte, die sich in ihrer Argumentation auf dienstliche Pflichterfüllung berufen, Nachsicht walten zu lassen.

Wiedergutmachung und Entschädigung der Opfer

Die bestehenden Regelungen für Wiedergutmachungs- und Entschädigungsleistungen an die Opfer von Menschenrechtsverletzungen und ihre Familien sind wenig effektiv und überaus schwerfällig. Die Aussicht, sich an diejenige Behörde wenden zu müssen, deren Mitarbeiter für Verstöße mutmaßlich Verantwortung tragen, muß Personen, die sich über Menschenrechtsverletzungen beschweren wollen, entmutigen. Vor allem wirtschaftlich oder politisch benachteiligte Personengruppen verzichten vor diesem Hintergrund gänzlich darauf, Klage einzureichen. Diejenigen, die ungeachtet der Widrigkeiten ihr Beschwerderecht wahrnehmen, laufen Gefahr, von den Beschuldigten bedroht zu werden oder sogar Anschlägen ausgesetzt zu sein. Die Chance, daß Beschwerden eingehender ermittelt werden oder zu juristischen Schritten führen, besteht allenfalls für diejenigen, die über die notwendigen finanziellen Mittel und einen langen Atem verfügen.

Das mit der neuen Strafprozeßordnung 1981 geschaffene System der vorgerichtlichen Anhörungen enthält den einzigen

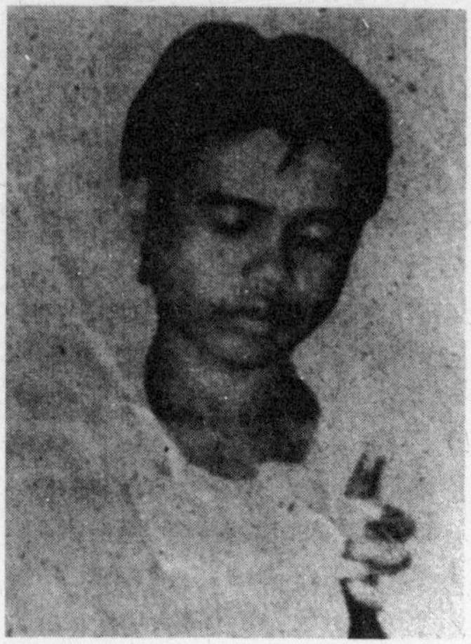

Der junge Indonesier Leman wurde 1986 im Cipinang-Gefängnis von Jakarta von Wärtern zu Tode geprügelt. Obwohl der Oberste Gerichtshof des Landes der Familie des Toten eine Entschädigung zugesprochen hat, war bis Mitte 1994 noch keine einzige Rupie gezahlt worden.
© ai

gesetzlich geregelten Beschwerdemechanismus. Theoretisch geben die Anhörungen Häftlingen die Möglichkeit, die Rechtmäßigkeit ihrer Festnahme und der Vernehmungspraktiken anzufechten. Da sie jedoch nur äußerst selten zu Entscheidungen gegen die für Verhaftungen verantwortlichen Behörden führen, betrachten selbst die routiniertesten Rechtsanwälte die vorgerichtlichen Anhörungen als Zeitvergeudung. Ergeht ausnahmsweise doch einmal ein anderslautender Beschluß, so hat dies auf den Ausgang des Prozesses gegen die widerrechtlich inhaftierten oder im Gewahrsam mißhandelten Personen in der Regel keine Auswirkung.

Für die Opfer von Menschenrechtsverletzungen oder ihre Familien besteht die einzige Alternative zu den vorgerichtlichen Anhörungen darin, eine zivilrechtliche Schadensersatzklage gegen Angehörige der Sicherheitskräfte oder Gefängnisbedienstete zu erstatten. Abgesehen davon, daß es sich hier um ein schwerfälliges sowie kosten- und zeitaufwendiges Verfahren handelt, müssen die Beschwerdeführer darüber hinaus mit

Repressalien und einer Gegenklage wegen Schädigung des Ansehens der Sicherheitskräfte rechnen. Gewinnen sie ihren Schadensersatzprozeß, so ist damit der Gerechtigkeit noch lange nicht genüge getan, denn oftmals verstreichen viele Jahre, bis die ihnen zugesprochenen Entschädigungsleistungen auch tatsächlich gezahlt werden.

Der Fall des wegen eines Bagatelldiebstahls zu sechs Monaten Freiheitsentzug verurteilten Häftlings Leman, der 1986 von Wärtern des Cipinang-Gefängnisses in Jakarta zu Tode geprügelt worden war, illustriert die genannte Problematik in aller Deutlichkeit. Die Familie des Verstorbenen stellte damals Strafantrag und reichte zugleich eine Zivilrechtsklage auf Schadensersatz ein. Im August 1987 sprach daraufhin ein Gericht zwei Gefängnisbeamte schuldig, den Tod von Leman herbeigeführt zu haben, und verurteilte sie zu Freiheitsstrafen von jeweils nur wenigen Monaten. Im Dezember 1990 schließlich, vier Jahre, nachdem der Fall bei der Justiz aktenkundig gemacht worden war, sprach der Oberste Gerichtshof der Familie des Toten eine Entschädigung in Höhe von rund 750 DM zu. Zum Zeitpunkt der Drucklegung dieses Berichts Mitte 1994 war an die Familie noch nicht eine einzige Rupie gezahlt worden.

EXTRALEGALE HINRICHTUNGEN

Extralegale Hinrichtungen sind wesentlicher Bestandteil der Strategie der indonesischen Regierung, „politische Stabilität" und „Ordnung" aufrechtzuerhalten. Vor allem im Zuge der Aufstandsbekämpfung werden Menschen willkürlich getötet. Aber auch auf andere vermeintliche Gefährdungen der nationalen Einheit - auf friedliche Proteste etwa, auf die Aktivitäten „unorthodoxer" Religionsgemeinschaften oder auf kriminelle Handlungen - reagieren die Behörden mit staatlichem Mord.

In Indonesien und Osttimor sind drei grundsätzliche Erscheinungsformen extralegaler Hinrichtungen zu unterscheiden. Bei der ersten Kategorie handelt es sich um vorsätzlich und insgeheim ausgeführte Morde an politischen Gefangenen, von denen einige zuvor dem „Verschwindenlassen" zum Opfer gefallen waren. Zur zweiten Kategorie sind Tötungen zu rechnen, die auf die vorsätzliche Anwendung exzessiver Gewalt zur Kontrolle von Menschenansammlungen oder den Aktivitäten von Religionsgemeinschaften zurückzuführen sind. Die dritte Kategorie stellen die „mysteriösen Tötungen“ dar. Darunter werden gezielte Mordanschläge verstanden, ausgeführt von Todesschwadronen der Regierung.

Die Art und Weise, in der Tötungen begangen werden, ist abhängig von der jeweiligen Situation. Vorsätzliche Morde an zuvor „verschwundenen“ Gefangenen ereignen sich beispielsweise vor allem im Zuge von Operationen zur Aufstandsbekämpfung, während Todesfälle als Folge exzessiver Gewaltanwendung gegenüber Menschenansammlungen häufiger in Regionen ohne Guerillapräsenz festzustellen sind. Zu den Opfern „mysteriöser Tötungen“ wiederum zählen gleichermaßen sowohl vermeintliche Rebellen als auch straftatverdächtige Personen. Ein besonders auffälliges Merkmal der extralegalen Hinrichtungen in Indonesien und Osttimor ist die weitgehende Übereinstimmung in den je nach politischem Kontext angewandten Methoden, was den Verdacht begründet, daß ungesetzliche Tötungen ein zentrales Element der Regierungspolitik darstellen.

Die Reaktionen der Regierung auf Vorwürfe über extralegale Hinrichtungen weisen eine ähnliche Übereinstimmung auf. So wurden Berichte über ungesetzliche Tötungen stereotyp zurückgewiesen und - von einigen wenigen Ausnahmen abgesehen - weder umfassende und unparteiische Untersuchungen noch strafrechtliche Schritte gegen die für Morde Verantwortlichen eingeleitet.

Am 12. November 1991 eröffneten Regierungstruppen auf dem Friedhof von Santa Cruz in der osttimoresischen Hauptstadt Dili das Feuer auf die Teilnehmer eines friedlichen Trauerzuges. Bei dem Massaker und unmittelbar danach verloren nicht weniger als 270 Menschen ihr Leben. Die meisten wurden erschossen, als sie zu fliehen versuchten, andere erstochen oder zu Tode geprügelt. In Berichten hieß es ferner, auch in den darauffolgenden Wochen seien zahlreiche Personen, unter ihnen Zeugen des Vorfalls auf dem Friedhof von Santa Cruz, ermordet worden. Einige befanden sich, als man sie tötete, zwecks Versorgung ihrer Verletzungen in einem Militärkrankenhaus.

Die Opfer des Massakers zählten zu einer Gruppe von rund 2.000 Menschen, die an einem Gottesdienst zum Gedenken an den am 28. Oktober 1991 - vermutlich von indonesischen Sicherheitskräften - getöteten Sebastião Gomes teilgenommen und sich anschließend in einem riesigen Trauerzug zum Friedhof von Santa Cruz begeben hatten. Die Menschen unterhielten sich miteinander, einige führten Transparente und Fahnen mit sich, andere riefen Unabhängigkeitsparolen wie „Lang lebe Osttimor!". In dieser Situation tauchte unvermittelt ein großes Aufgebot an bewaffneten Soldaten auf, die sich zum Teil zu Fuß, zum Teil in Lastwagen dem Friedhof näherten.

Die Ankunft der Soldaten löste unter den Trauergästen Beunruhigung aus. Sie begannen, die Begräbnisstätte zu verlassen. Nach Angaben von Augenzeugen marschierten daraufhin die Soldaten zum Friedhofseingang, stellten sich dort in Reihen von jeweils etwa zwölf Mann auf und eröffneten ohne Vorwarnung das Feuer auf die Menschenmenge. Viele der auf dem Friedhof Versammelten wurden durch Schüsse in den Rücken getötet.

Die hohen Mauern, die das Begräbnisgelände umgaben, und die Vielzahl der Trauergäste erschwerten es den Anwesenden zu fliehen. Sie versuchten es dennoch, während die Soldaten immer weiter in die Menge schossen. Von einem Augenzeugen erfuhr amnesty international, daß er wenige Minuten nach Beginn der Schießerei rund 100 Leichen auf dem Gelände liegen gesehen habe. Andere Überlebende des Massakers berichteten, beobachtet zu haben, wie Soldaten mit Knüppeln und Gewehrkolben auf verwundete Menschen einschlugen. Ein ausländischer Staatsbürger, der in der Krypta des Friedhofs Zuflucht gesucht hatte, dort aber von den Soldaten aufgespürt worden war, gab folgende Beschreibung: „Ich verließ die Krypta zusammen mit mindestens zehn Personen, die stark bluteten. Mehrere andere waren bereits tot. Auf dem Weg zum Friedhofseingang fuchtelten die Soldaten ständig mit ihren Messern herum und hielten sie mir drohend vors Gesicht. Ich wurde mit Fußtritten traktiert und geschlagen. (Die Soldaten) drückten mir ihre Gewehre gegen den Kopf und brüllten mich pausenlos an."

Verwundete im Inneren der Kapelle des Friedhofs von Santa Cruz.

©Steve Cox

Demonstranten am Eingang zum Friedhof von Santa Cruz in Dili. Wenig später eröffneten Soldaten das Feuer auf die im Friedhofsbereich versammelte Menschenmenge. An diesem 12. November 1991 starben bis zu 270 Menschen unter den Kugeln der Sicherheitskräfte. © Steve Cox

Vorbereitung der Protestkundgebung auf dem Friedhof von Santa Cruz. „Raus mit den Besatzern - Nein zur Integration", heißt es auf dem Spruchband.

©Steve Cox

Bei einem der Opfer des Massakers von Santa Cruz handelte es sich um Domingos Segurado, Lehrer an der Schule für portugiesische Sprache in Dili und aktives Mitglied der Widerstandsbewegung von Osttimor. Vor seinem Tod hatte er sich mehrere Wochen lang verstecken müssen, was ihn jedoch nicht davon abgehalten hatte, zusammen mit anderen die Protestveranstaltung zu organisieren. Ein Journalist, dem Domingos Segurado bei Recherchen behilflich gewesen war, erinnert sich an ihn als „einen äußerst sanftmütigen Menschen ... der versucht hat, gewaltfrei Veränderungen herbeizuführen."

Nach dem Massaker wurden die Leichen der Getöteten auf Militärlastwagen geladen und in anonymen Gräbern verscharrt oder einfach ins Meer geworfen. Mindestens 91 Menschen, die das Blutbad verletzt überlebt hatten, wurden ins Militärhospital gebracht, weitere circa 300 Personen im Zuge von Razzien festgenommen. amnesty international liegen glaubwürdige Berichte vor, wonach einige der ins Krankenhaus eingelieferten Personen dort mißhandelt, andere sogar vorsätzlich getötet worden sind. Die Militärbehörden haben es weder den Familien noch dem Sonderberichterstatter der Vereinten Nationen für Fragen der Folter, noch Vertretern des Internationalen Komitees vom Roten Kreuz gestattet (IKRK), die in Haft befindlichen oder im Hospital untergebrachten Personen zu besuchen.

Unbestätigten Berichten zufolge sollen am 15. November 1991 weitere 60 bis 80 Menschen getötet und ihre Leichen in anonymen Massengräbern außerhalb von Dili verscharrt worden seien. Glaubt man diesen Berichten, so wurden die Opfer aus verschiedenen Gefängnissen in Dili in Militärlastwagen abtransportiert und aus der Stadt herausgefahren. Bevor man sie in die Fahrzeuge trieb, sollen die Gefangenen gezwungen worden sein, sich nackt auszuziehen. Mit verbundenen Augen und auf dem Rücken gefesselten Händen wurden sie anschließend fortgeschafft. An einem Ort außerhalb der Stadt mußten sie sich dann nach vorliegenden Meldungen am Rand neu ausgehobener Gräben aufstellen und wurden mit Automatikgewehren erschossen.

Unter dem Druck einer Flut von Protesten der örtlichen Bevölkerung und des Auslandes gaben die indonesische Regierung und die Militärführung ihrem Bedauern über die Todesfälle von Santa Cruz Ausdruck und sicherten zügige Untersuchungen zu (siehe Seite 82). Von Beginn an versuchten sie zugleich aber auch, das Vorgehen der Sicherheitskräfte zu rechtfertigen und die Verantwortung für das Massaker den Teilnehmern des Trauerzuges anzulasten. So behaupteten etwa die Militärbehörden, die Soldaten seien „vom Mob brutal angegriffen" worden und hätten erst in Reaktion darauf von der Schußwaffe Gebrauch gemacht. Ihren Beteuerungen steht eine Fülle gegenteiligen Beweismaterials gegenüber. Augenzeugen haben beispielsweise übereinstimmend ausgesagt, daß der Trauerzug friedlich verlaufen sei und daß die Sicherheitskräfte das Feuer ohne Vorwarnung und ohne provoziert worden zu sein eröffnet hätten. Filmaufnahmen von den Vorgängen in Santa Cruz geben ihnen recht.

Einige Militäroffiziere haben das Massaker nicht nur zu rechtfertigen versucht, sondern die Aktion auf dem Friedhof von Santa Cruz offensiv verteidigt. Einen Tag nach dem Vorfall etwa erklärte der damalige Oberbefehlshaber der Streitkräfte und heutige indonesische Vizepräsident, General Try Sutrisno, daß die Teilnehmer des Leichenzuges „Chaos heraufbeschworen" hätten, indem sie regierungsfeindliche Transparente entrollt und „viele unannehmbare Dinge" gerufen hätten. Zunächst, so General Try Sutrisno, seien von den Soldaten Warnschüsse in die Luft abgegeben worden. „Sie (die Demonstranten) jedoch setzten ihr schändliches Treiben fort ... Sie mußten also erschossen werden. Diese ungehobelten Menschen gehören erschossen ... und wir werden sie erschießen."

In der Provinz Aceh und angrenzenden Ortschaften haben die indonesischen Sicherheitskräfte zwischen 1989 und 1993 insgesamt rund 2.000 Zivilisten getötet, unter ihnen Kinder und alte Menschen. Einige wurden in aller Öffentlichkeit exekutiert, andere insgeheim ermordet und ihre oft verstümmelten Leichen als Warnung für andere an öffentlichen Plätzen zur Schau gestellt. Wieder andere wurden in Massengräbern verscharrt. Der Zeitpunkt der Tötungen, die angewandten Methoden und die öffentlichen Kommentare der in der Region stationierten Militäroffiziere zu den Vorgängen legen den begründeten Verdacht nahe, daß die extralegalen Hinrichtungen in Aceh Teil einer koordinierten Strategie der Aufstandsbekämpfung gewesen sind. Bis Drucklegung des vorliegenden Berichts Mitte 1994 hatten die indonesischen Behörden weder eine Untersuchung der Tötungen veranlaßt, noch waren Angehörige der Sicherheitskräfte vor Gericht gebracht worden.

amnesty international erhielt erstmals 1989, kurz nachdem Separatisten der Organisation *Aceh Merdeka* begonnen hatten, ihren Forderungen mit gewalttätigen Anschlägen Nachdruck zu verleihen, von willkürlichen und im Schnellverfahren durchgeführten Hinrichtungen, begangen von Regierungskräften, Kenntnis. In der ersten Hälfte des Jahre 1990 wurden sporadisch weitere Berichte über derartige menschenrechtsverletzende Praktiken bekannt. In großem Maßstab scheinen extralegale Hinrichtungen hingegen erst im Juli 1990 eingesetzt zu haben, unmittelbar nachdem Präsident Suharto die Entsendung von Truppen zur Aufstandsbekämpfung in einer Stärke von rund 6.000 Mann angeordnet hatte. In dieser Zeit begann sich auch das Muster „mysteriöser Tötungen" herauszubilden. Hunderte Zivilisten haben in der Folge ihr Leben verloren.

Die „mysteriösen Tötungen" in Aceh wiesen einige gemeinsame Merkmale auf. Die Leichen der Opfer wurden - offenbar als Warnung an andere, sich nicht den Rebellen anzuschließen oder sie zu unterstützen - gewöhnlich an öffentlichen Plätzen zurückgelassen. Einige befanden sich eindeutig in Gefangenschaft, als man sie tötete. So waren sie beispielsweise an den Daumen, bisweilen auch an den Füßen, in immer gleicher und sehr spezieller Weise gefesselt. Die meisten Opfer „mysteriöser Tötungen" sind aus nächster Nähe erschossen worden, allerdings konnten nur vereinzelt die Kugeln sichergestellt werden. Vielfach wiesen die Leichen auch Spuren von Folterungen oder Anzeichen von Schlägen mit einem stumpfen Gegenstand auf. Ihre Gesichter ließen sich oftmals nicht mehr erkennen. Teils aus Furcht vor Vergeltungsmaßnahmen des Militärs, teils weil die Mordopfer üblicherweise weit von ihren Heimatdörfern entfernt abgeladen worden sind, ist ein Großteil der Toten niemals von ihren Familien oder Freunden geborgen worden.

Eines der Opfer extralegaler Hinrichtungen ist Teungku Ahmad Lutan, der bei den Behörden im Verdacht stand, die Organisation *Aceh Merdeka* zu unterstützen. Er wurde im Mai 1990 im Gewahrsam des Militärs gefoltert und ermordet. Nach Angaben von Augenzeugen nahmen Soldaten des Bataillons 111 Teungku Ahmad Lutan in seinem Haus in Idi Cut in Peureulak fest und brachten ihn zum Verhör zu ihrem Stützpunkt im nahegelegenen Tualang Cut. Drei Tage später wurde seine Leiche in einem Graben in der Nähe seines Hauses abgeladen. Als Dorfbewohner ihn fanden, waren seine Hände auf dem Rücken gefesselt, sein Schädel war zertrümmert und sein Körper von Folterspuren bedeckt. Die Familie von Teungku Ahmad Lutan wagte es nicht, die Leiche zu bergen, weil sie Vergeltungsmaßnahmen befürchtete. Deshalb versuchten andere Dorfbewohner, den Toten aus dem Graben herauszuholen, doch stellten sich ihnen dabei Soldaten in den Weg, die meinten: „Was denkt Ihr Euch eigentlich dabei, ihn zu begraben? Wißt Ihr nicht, daß er ein Rebell ist?"

Bei den Opfern extralegaler Hinrichtungen in Aceh handelte es sich überwiegend um Dorfbewohner, die in Gebieten lebten, in denen die Behörden Rebellen vermuteten. Ziel der Tötungen war es offenbar, die örtliche Bevölkerung zu terrorisieren und auf diese Weise zur Zusammenarbeit mit den Regierungskräften beim Aufspüren vermeintlicher Aufständischer zu zwingen. Einige Dorfbewohner wurden hingegen einzig und allein aus Vergeltung für den Tod eines Soldaten ermordet oder weil sie einem militärischen Befehl nicht unverzüglich nachgekommen waren. Oftmals haben sich auch die Regierungstruppen, wenn sie einen mutmaßlichen Rebellen nicht ausfindig machen oder ihn töten könnten, an dessen engsten Angehörigen oder Freunden gerächt.

Die 24jährige Djamilah Abubakar, Ehefrau eines vermeintlichen Mitglieds von *Aceh Merdeka*, starb im März 1991 im Gewahrsam des Militärs. Sie war erstmals im Juni 1989 mit den Streitkräften in Berührung gekommen, als ein Trupp von Soldaten auf der Suche nach ihrem Mann, einem Fischer namens Mohammad Jasin bin Pawang Piah, in das Haus der Familie eindrang. Djamilah erklärte den Soldaten, daß ihr Mann aufs Meer hinausgefahren sei und wohl noch einige Tage draußen bleiben werde. Daraufhin mußte sie sich als Lügnerin beschimpfen lassen. Die Soldaten versuchten mit vorgehaltener Waffe, von der jungen Frau das Eingeständnis zu erpressen, daß ihr Mann Mitglied von *Aceh Merdeka* sei. Einer der Eindringlinge zwang Djamilah, sich nackt auszuziehen, und fügte ihr mit seinem Gewehr Verletzungen zu. Als Jasin einige Tage später vom Fischfang zurückkehrte, fand er sein Haus niedergebrannt. Er erfuhr, daß seine Frau in ein anderes Dorf zu Verwandten gezogen war. Ein halbes Jahr etwa konnte Djamilah dort auch unbehelligt leben, bis schließlich Soldaten in der Ortschaft auftauchten und die Bewohner davor warnten, Personen zu beherbergen, die Verbindungen zu *Aceh Merdeka* unterhalten. Der Name von Djamilah wurde in diesem Zusammenhang ausdrücklich erwähnt. Anfang 1990 floh die junge Frau deshalb in ein anderes Dorf. Rund ein Jahr später wurde sie, kurz nachdem ihr Mann sie besucht hatte, aber auch dort von Soldaten aufgespürt und verhaftet. Zwei Tage nach ihrer Festnahme, die um den 24. März 1991 herum erfolgte, fand man Djamilah in einem etwa 15 Kilometer von ihrem Wohnort entfernten Dorf am Straßenrand tot auf. Ihr Schädel war eingeschlagen, und im Brustbereich wies sie Einschußwunden auf.

Nicht immer wurden die Opfer extralegaler Hinrichtungen in Aceh an öffentlichen Plätzen abgeladen. Vielfach verscharrte man sie einfach in Massengräbern, von denen einige Hunderte Leichen enthalten sollen. amnesty international liegt beispielsweise ein Bericht vor, wonach am 12. September 1990 in Bukit Panglima an der Straße zwischen Bireuen und Takengon indonesische Truppen eine Gruppe von 56 Häftlingen im Schnellverfahren exekutiert haben. Augenzeugen gaben an, daß die Gefangenen von den Lastwagen, auf denen man sie dorthin gebracht hatte, heruntersteigen und sich in einer Reihe am Rand einer Schlucht aufstellen mußten. Anschließend wurden sie erschossen. Aus einem anderen amnesty international zur Kenntnis gelangten Bericht geht hervor, daß Mitte 1990 in der Nähe der Ortschaft Alue Mira ein Massengrab mit etwa 200 Leichen entdeckt worden ist. Auf den Bericht angesprochen, bestritt der regionale Militärkommandant zwar die Zahl der Leichen, nicht aber die Existenz des Grabes selbst. Im Oktober 1990 erklärte er gegenüber einem Journalisten der Zeitschrift *Tempo*, zitiert in der Ausgabe vom 20. Oktober: „Sicher existiert das Grab, aber ich kann mir nicht vorstellen, daß es 200 Leichen enthält. Bei dem Durcheinander von Armen und Köpfen läßt sich das schwer sagen."

Wenngleich Regierung und Militärbehörden offiziell stets jede Verantwortung für die willkürlichen Tötungen in Aceh bestritten haben, so liegen von ihnen dennoch öffentliche Äußerungen vor, in denen extralegale Hinrichtungen als Teil von Maßnahmen zur Aufstandsbekämpfung akzeptiert und sogar angeregt worden sind. General Try Sutrisno etwa räumte in der *Jakarta Post* vom 8. Mai 1990 die Verantwortung des Militärs für den „unbeabsichtigten“ Tod von Zivilisten in Aceh ein, versuchte dies aber mit der Bemerkung zu rechtfertigen: „Wenn es Opfer unter der Zivilbevölkerung gegeben hat, war dies etwas, das nicht vermieden werden konnte.“ Mit ähnlichem Tenor äußerte sich ein in Aceh stationierter Militäroffizier, als er auf das Problem der öffentlichen Zurschaustellung von Leichen angesprochen wurde. Er erklärte im November 1990 gegenüber der Nachrichtenagentur *Reuters*: „Okay, das passiert. Aber da sich die Aufständischen terroristischer Strategien bedienen, sind wird gezwungen, auf Strategien der Terrorismusbekämpfung zurückzugreifen.“ Der Militärkommandant der Region, Generalmajor H.R. Pramono, antwortete auf die Frage, ob die „mysteriösen Tötungen“ eine Art „Schocktherapie“ darstellen sollten, laut *Reuters* mit der Bemerkung: „Eine Strategie, ganz richtig. Aber unser Ziel ist nicht schlecht ... Wir töten sie nur, wenn sie Mitglieder (von *Aceh Merdeka*) sind.“

Die Zahl der extralegalen Hinrichtungen in Aceh hat sich seit dem Jahr 1991 stetig verringert. Da die Führungsmitglieder von *Aceh Merdeka* festgenommen oder getötet worden waren beziehungsweise hatten fliehen können, ist aus politischer wie militärischer Sicht die Grundlage für weitere Tötungen entfallen. Eine tiefgreifende Änderung in der Aufstandsbekämpfungsstrategie des indonesischen Militärs, zu der als zentrales Element auch die Tötung von Zivilisten in Gebieten, in denen sich Guerillas aufhalten, zählt, ist jedoch nicht zu beobachten. Sollten die Rebellen von *Aceh Merdeka* ihre Aktivitäten wiederaufnehmen, so muß damit gerechnet werden, daß sich auch das Muster politischer Morde umgehend erneut einstellt. Ein weiteres, ebenso bedeutsames Problem besteht darin, daß die Schicksale der meisten der in den letzten Jahren Getöteten noch immer der Aufklärung harren, daß keinerlei Untersuchungen stattgefunden haben und daß von offizieller Seite die Praxis der extralegalen Hinrichtungen noch nicht einmal verurteilt worden ist.

In Irian Jaya haben die indonesischen Sicherheitskräfte im Zuge von Operationen der Aufstandsbekämpfung Hunderte vermeintliche oder tatsächliche Befürworter der Unabhängigkeit der Region getötet. In der Mehrzahl handelte es sich bei den Opfern um OPM-Guerillas, die bei Zusammenstößen mit Regierungstruppen ums Leben kamen. Wiederholt wurden aber auch OPM-Kämpfer, während sie sich im Gewahrsam des Militärs befanden, vorsätzlich ermordet. Zivilisten zählen ebenfalls zu den Opfern ungesetzlicher Tötungen.

Im Mai 1990 beispielsweise sollen Regierungskräfte einen Mann erschossen und enthauptet haben, den sie der Mitgliedschaft in der OPM verdächtigten. Augenzeugen berichteten, daß Soldaten Soleman Daundi töteten, kurz nachdem er sich den örtlichen Behörden gestellt hatte. Die Soldaten sollen ihm den Kopf abgeschlagen und diesen zum Militärstützpunkt nach Wardo gebracht haben. Auf dem Weg dorthin wurde der Kopf des Toten in mehr als einem Dutzend Dörfer zur Schau gestellt und später auch Militäroffizieren der Kommandanturen KOREM 173 und KODIM 1708 vorgeführt. Anschließend übergab man ihn zwecks Beisetzung einem Priester in Wardo. Soleman Daundi hatte vor seinem Tod allem Anschein nach an einer Flaggenhissung in Sopen im Dezember 1989 teilgenommen, die die Unabhängigkeit West-Papuas symbolisieren sollte. Danach war er in den Untergrund gegangen.

Obgleich der Zugang zu Irian Jaya für unabhängige Beobachter weitgehend versperrt ist, hat amnesty international auch in jüngster Zeit von glaubwürdigen Berichten über extralegale Hinrichtungen Kenntnis erhalten, vor allem aus Gebieten entlang der Grenze zu Papua-Neuguinea. In der Ortschaft Yapsie beispielsweise, die rund zwölf Kilometer von der Grenze zu Indonesien entfernt im Hoheitsgebiet von Papua-Neuguinea liegt, sollen indonesische Soldaten im Oktober 1993 13 Dorfbewohner getötet und acht verwundet haben. Nach Angaben von Augenzeugen hatten die Soldaten das Dorf umstellt und anschließend das Feuer auf die Menschen eröffnet. Von den Kugeln tödlich getroffen wurden nach vorliegenden Meldungen Adolf Tablop, Betimeus Tablop, Dariana Hawngap, Diman Kakadi, Januarius Hawngap, Junus Tablop, Matina Tablop, Mayana Hawngap, Obeth Tablop, Okbom Tablop, Philipus Hawngap, Pius Kalamabin und Susana Bawi. Naok Naplo hingegen zählte zu denjenigen, die den Anschlag schwerverletzt überlebt haben. Ihm sollen die Soldaten ein Bajonett in den Nacken gestoßen haben. Robert Tablop, ein weiterer Überlebender, wurde von den Kugeln an der Hand getroffen und verlor zwei Finger. Beiden Männern wurden die Verletzungen dem Vernehmen nach zugefügt, nachdem sie bereits ihre Hände zum Zeichen der Kapitulation erhoben hatten.

FRIEDLICHE DEMONSTRANTEN

Auch in Regionen wie etwa auf den Inseln Java und Sumatra oder in der Landeshauptstadt Jakarta, wo relativ stabile politische Verhältnisse anzutreffen sind, haben Regierungskräfte Hunderte Zivilisten ermordet. Zu den Opfern im Jahre 1993 zählten vier Dorfbewohner, die sich friedlich gegen ihre Vertreibung von ihrem Grund und Boden zur Wehr gesetzt hatten; vier Angehörige einer Glaubensgemeinschaft, der die Behörden unterstellten, die Regierungsautorität zu untergraben; sowie eine Arbeiterin, die sich an gewaltfreien Streikaktionen beteiligt hatte.

Die Tötung friedlicher Demonstranten und Übergriffe gegen besonders schutzlose Gruppen der Bevölkerung lassen bestimmte Parallelen im Vorgehen und in der Einstellung der Sicherheitskräfte erkennen. In Indonesien existiert eine lange Tradition politischer Repression, die durch Intoleranz gegenüber oppositionellen Bestrebungen gekennzeichnet ist und in der Anwendung unverhohlener Gewalt ihren Höhepunkt erreicht. Von offizieller Seite werden ungesetzliche Tötungen systematisch zu rechtfertigen versucht, indem man die Opfer beschuldigt, die Regierungskräfte provoziert zu haben. Schließlich ist festzuhalten, daß durchgängig weder umfassende noch unparteiische Untersuchungen stattfinden, noch strafrechtliche Schritte gegen die für Menschenrechtsverletzungen Verantwortlichen eingeleitet werden.

Staudammgegner erschossen

Am 25. September 1993 wurden auf der Insel Madura vier Menschen getötet und drei weitere verletzt, als Angehörige der Sicherheitskräfte das Feuer auf eine Gruppe von rund 500 friedlichen Demonstranten eröffneten, die gegen den geplanten Bau des Nipah-Staudammes protestierten, weil er zur Überflutung von Ländereien und vier Ortschaften führen würde. Von den Kugeln tödlich getroffen wurde die 51jährige Mutirah, Mutter von drei Kindern, der 14 Jahre alte Schüler Nindin bin Musa, der 28jährige Samuki P. Supriadi sowie ein anderer Mann namens Muhammad, der fünf Tage nach dem Vorfall seinen Verletzungen erlag.

Unabhängigen Quellen zufolge ereigneten sich die Tötungen, als die Dorfbewohner, unter ihnen zahlreiche Frauen und Kinder, auf eine Gruppe von Regierungssachverständigen, die von mindestens 20 Polizei- und Militärangehörigen begleitet waren, zugingen, um ihrem Unmut über das Staudammprojekt Ausdruck zu verleihen. Berichten zufolge erteilte daraufhin der Befehlshaber des Militärkommandos von Banyuates (KORAMIL) seinen Untergebenen Schießbefehl. Eine Kommission des LBH konnte bei Recherchen vor Ort keinerlei Anhaltspunkte dafür finden, daß die Demonstranten Waffen getragen oder sich aggressiv oder gar bedrohlich verhalten hätten. Sie gelangte zu

Im September 1993 eröffneten die Sicherheitskräfte das Feuer auf eine Gruppe friedlicher Demonstranten, die gegen den Bau des Nipah-Staudammes auf der Insel Madura protestierten. Vier Menschen wurden getötet und drei weitere verletzt. Ein Dorfbewohner zeigt einige der am Ort des Geschehens sichergestellten Geschoßhülsen. © Tempo

dem Schluß, daß die Demonstration friedlich verlaufen ist und daß die Sicherheitskräfte ohne Vorwarnung und ohne provoziert worden zu sein von der Schußwaffe Gebrauch gemacht haben.

Die oben erwähnten Regierungssachverständigen waren einen Tag vor dem Zwischenfall in der Gegend eingetroffen und hatten in Begleitung von Polizei und Militär eine Inspektion des Staudammgeländes vorgenommen. Bereits zu diesem Zeitpunkt hatten sich die Dorfbewohner bei der Regierungsdelegation darüber beklagt, daß zwischen den vom Projekt nachteilig Betroffenen und den Behörden keine Verständigung zustandegekommen sei. Als das Expertenteam das Gelände wieder verließ, soll ein Mitglied der Sicherheitskräfte die Dorfbewohner mit den Worten bedroht haben: „Wenn wir morgen mit den Arbeiten beginnen, darf niemand sein Haus verlassen ... Anderenfalls wird er erschossen.“ Ähnliche Drohungen hatte nach vorliegenden Meldungen in den Wochen zuvor auch der für das Staudammprojekt verantwortliche Regierungsbeamte, der *Bupati* von Sampang, verbreitet. Die Gegner des Projekts mußten sich von ihm überdies als PKI-Mitglieder bezichtigen lassen. Laut der Zeitschrift *Editor* vom 20. Oktober 1993 äußerte er sich bei einem Treffen mit Dorfbewohnern am 11. August 1993 mit den Worten: „Ich werde jeden verhaften, der den Bau des Staudammes verhindert. Ich bin für die Sicherheit zuständig. Ich habe die Streitkräfte. Ich brauche nur den Befehl zu geben."

Nach Protesten örtlicher Gemeinde- und Religionsführer gab der Oberkommandierende der Streitkräfte, General Feisal Tanjung, im Oktober 1993 bekannt, daß eine interne Untersuchung des Zwischenfalls angeordnet worden sei und die Schuldigen bestraft würden. Kurz darauf wurden zwei Polizisten und zwei Angehörige des Militärs dienstversetzt. Bei Drucklegung dieses Berichts Mitte 1994 lag hingegen noch gegen kein Mitglied der Sicherheitskräfte eine Anklageschrift wegen menschenrechtsrelevanter Straftaten vor. Auch von sonstigen Sanktionen ist nichts bekannt. Regierung und Militärbehörden beharrten vielmehr darauf, daß für eine unabhängige Untersuchung der Tötungen keine Notwendigkeit bestünde. Auch von Gemeindeführern, Menschenrechtsgruppen und Vertretern von Religionsgemeinschaften erhobene Forderungen, gegen die zwei Zivilbeamten, die die Gesamtverantwortung für das Staudammprojekt tragen, Maßnahmen zu ergreifen, wurden von der Regierung ignoriert. Bei beiden handelt es sich um ehemalige Militäroffiziere.

Tötungen von Mitgliedern der Glaubensgemeinschaft *Haur Koneng*

Am 29. Juli 1993 wurden in West-Java vier Angehörige der relativ kleinen und zurückgezogen lebenden Glaubensgemeinschaft *Haur Koneng* (Gelber Bambus) getötet, als Sicherheits-

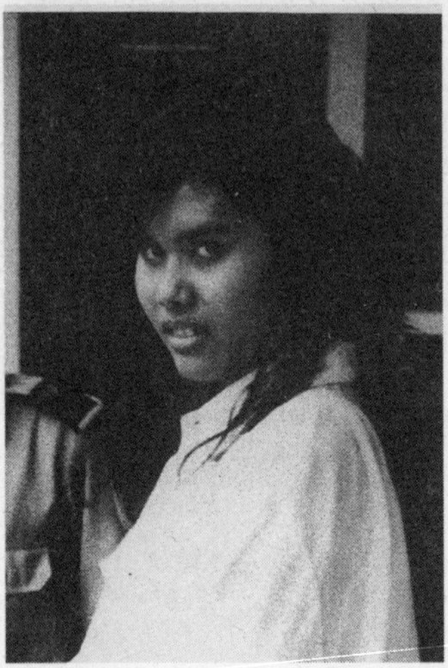

Die 18jährige Wawat Setiawati, ein Mitglied der Glaubensgemeinschaft Haur Koneng, wurde zu einer Freiheitsstrafe verurteilt, weil sie der Aufforderung der Polizei, sich zu ergeben, nicht nachgekommen war, sondern zusammen mit anderen Frauen Gebete gesungen hatte.
© Yayasan Pijar

kräfte den Treffpunkt der Sekte in Sinargalih, einer Ortschaft im Bezirk Majalengka, stürmten. Zu den Opfern zählte auch ein zwölfjähriger Junge. Die beiden Sektenmitglieder Jaenuddin und Ahmad starben noch an Ort und Stelle, während Abdul Manan, der Anführer der Gruppe, und ein weiterer Mann namens Wahyudin einige Tage später im Krankenhaus ihren Verletzungen erlagen. Abdul Manan war von fünf aus nächster Nähe abgefeuerten Schüssen in der Bauchgegend getroffen worden. Mindestens zehn andere Sektenmitglieder, darunter vier Kinder, wurden bei der Razzia verletzt, sechs von ihnen schwer. Die Sicherheitskräfte nahmen 19 Angehörige der Glaubensgemeinschaft in Haft, auch diejenigen, die Verletzungen davongetragen hatten. Im Oktober 1993 begannen ihre Prozesse.

Anhand der vorliegenden Berichte läßt sich der Ablauf der Ereignisse wie folgt rekonstruieren: Am 28. Juni tauchten acht Polizisten und drei Angehörige der Mobilen Brigade auf dem kleinen Anwesen der Gemeinschaft auf, um drei Sektenmitglieder zu verhaften, denen man zur Last legte, während einer Auseinandersetzung über Landrechte das Dorfoberhaupt mit Fäusten geschlagen zu haben. Es entwickelte sich ein Kampf, in dessen Verlauf ein Mann erschossen und der örtliche Polizeichef erstochen wurde. In den Morgenstunden des darauffolgenden Tages traf dann ein gemeinsames Aufgebot von Polizei, Truppen des Armeebataillons 321 und Mobilen Brigaden in einer Stärke von mehr als 100 Mann in der Ortschaft ein. Glaubt man den Angaben der Polizei, so waren die Ordnungskräfte gezwungen, von der Schußwaffe Gebrauch zu machen, weil sich Abdul Manan und 18 seiner Anhänger ihrer Festnahme zu widersetzen versucht hatten. Nach Auskunft von Augenzeugen jedoch haben die Truppen, ohne provoziert worden zu sein, Granaten und Tränengas in den Gebäudekomplex geschleudert und anschließend auf die aus den brennenden Häusern flüchtenden Bewohner geschossen.

Von Augenzeugen erfuhr amnesty international ferner, daß die Sicherheitskräfte die bei der Aktion verwundeten Sektenitglieder annähernd drei Stunden lang auf dem Hof einer örtlichen Reismühle liegenließen, bevor man sie schließlich in ein Krankenhaus brachte. Ärzte haben den Polizeibehörden überdies zum Vorwurf gemacht, sie in ihren Bemühungen, Abdul Manan und acht andere Sektenmitglieder medizinisch zu versorgen, behindert zu haben. Auf Veranlassung von Polizei und Militär wurden nicht einmal die Familienangehörigen oder Menschenrechtsanwälte zu den Verletzten vorgelassen. Eine Untersuchung der Vorgänge durch unabhängige Organisationen wurde ebenfalls von Polizei und Militär hintertrieben.

Regierungsbeamte haben das Vorgehen gegen die Glaubensgemeinschaft *Haur Koneng* zu rechtfertigen versucht, indem sie behaupteten, die Gruppe stelle eine Gefährdung für die Sicherheit und Stabilität dar. Den Sektenmitgliedern machten sie zum Vorwurf, sich weder an Kommunal- noch Parlamentswahlen zu beteiligen, keine amtlichen Ausweispapiere bei sich zu tragen und ihre Kinder nicht auf die staatlichen Schulen zu schicken. Menschenrechtsorganisationen vor Ort hingegen gelangten nach unabhängigen Ermittlungen zu dem Schluß, daß die Sicherheitskräfte gegen die Mitglieder von *Haur Koneng* unverhältnismäßige Gewalt angewandt und unbewaffnete Zivilisten vorsätzlich getötet haben. Auch von Religions- und Gemeindeführern sowie von örtlichen Parlamentariern wurde kritisiert, daß gegen eine kleine und unbewaffnete Glaubensgemeinschaft in dieser Form vorgegangen worden ist. Davon unbeeindruckt haben Regierung und Militärbehörden die „rigorosen Maßnahmen“ als notwendig für die Aufrechterhaltung von Recht und Ordnung verteidigt.

Unter dem Druck der Öffentlichkeit leiteten zwar die Polizeibehörden Ermittlungen zur Aufklärung der Vorgänge ein, die Regierung jedoch weigerte sich beharrlich, eine unabhängige und öffentliche Untersuchung zu veranlassen. Mitte 1994 war im Zusammenhang mit den Tötungen noch gegen kein Mitglied der Sicherheitskräfte Anklage erhoben worden. Daß es jemals dazu kommen wird, erscheint höchst unwahrscheinlich.

Strafrechtliche Schritte gegen Angehörige von *Haur Koneng* ließen dagegen nicht lange auf sich warten. Bis Ende 1993 waren bereits mindestens acht Sektenmitglieder verschiedener Anklagepunkte für schuldig befunden und zu Freiheitsstrafen zwischen vier Monaten und einem Jahr verurteilt worden, unter ihnen drei junge Frauen, denen die Anklage vorgeworfen hatte, der Aufforderung der Polizei, sich zu ergeben, nicht nachgekommen zu sein. In seinem Schlußplädoyer erklärte der zuständige Richter laut *Jakarta Post* vom 23. November 1993, die drei Frauen hätten sich, anstatt der Polizei Folge zu leisten, „versammelt und Gebete gesungen, bis es schließlich zu dem Zusammenstoß zwischen den Polizeibeamten und den Sektenanhängern gekommen ist“.

Der Mord an der Arbeiterin Marsinah

Die 25jährige Fabrikarbeiterin Marsinah, die sich engagiert für die Rechte der Arbeiter in Indonesien eingesetzt hatte, fiel Anfang Mai 1993 in Ost-Java dem „Verschwindenlassen“ zum Opfer. Sie wurde in geheimer Haft gehalten, gefoltert und vergewaltigt und anschließend getötet. Die Umstände ihres „Verschwindens“ und ihres Todes und die Art und Weise, in der von offizieller Seite Ermittlungen in dem Fall durchgeführt wurden, legen den begründeten Verdacht nahe, daß der Mord an Marsinah mit Kenntnis und Duldung der Militärbehörden begangen worden ist.

Die 25jährige wurde am 8. Mai rund 200 Kilometer von ihrem Wohnort Porong entfernt in einer Hütte am Rande eines Ackers tot aufgefunden. Ihr Körper war blutüberströmt und mit Hämatomen bedeckt. Am Nacken wies sie Würgemale auf. Eine spätere Obduktion ergab überdies, daß man Marsinah einen stumpfen Gegenstand in die Vagina gestoßen hatte, wodurch schwere Blutungen ausgelöst worden waren.

In den Tagen vor ihrem Tod hatte sich die junge Frau an einem Streik in der Uhrenfabrik, in der sie beschäftigt war, beteiligt. Die Militärs, unter ihnen die Befehlshaber der Kommandanturen KODIM und KORAMIL, hatten seinerzeit direkt in den Arbeitskonflikt eingegriffen und die Beschäftigten der Fabrik über ihre Rolle bei dem Streik vernommen. Am 5. Mai wurden 13 Arbeiter vom Militär vorgeladen und vor die Wahl gestellt, entweder den Ausstand zu beenden oder mit Klageschriften wegen „verbotener Zusammenkünfte“ oder „Anstiftung zum Streik“ rechnen zu müssen. Während der Verhöre sahen sich einige der Arbeiter Schlägen ausgesetzt, einer wurde sogar mit dem Tode bedroht. Am Abend des 5. Mai sprach Marsinah beim örtlichen Militärstützpunkt vor, um sich nach ihren Kollegen zu erkundigen. Danach wurde sie nicht mehr lebend gesehen.

Die 25jährige Fabrikarbeiterin Marsinah ist wahrscheinlich im Gewahrsam des Militärs getötet worden. Sie hat für ihr gewerkschaftliches Engagement mit ihrem Leben bezahlt.
© ai

Unter dem Druck seitens der Arbeiterschaft und Menschenrechtsorganisationen sah sich die Polizei zur Aufnahme von Ermittlungen gezwungen, mußte jedoch schon wenig später die Verantwortung dafür an die Militärischen Nachrichtendienste abtreten. Die Behörden wiesen von Beginn an einen Zusammenhang zwischen dem Tod von Marsinah und dem Arbeitskonflikt ausdrücklich zurück und versuchten, sämtliche für eine Verwicklung des Militärs sprechenden Indizien herunterzuspielen. Im November 1993 schließlich wurde gegen neun Zivilisten, ausnahmslos Führungskräfte und einfache Angestellte der Uhrenfabrik, sowie einen Militäroffizier, den Befehlshaber von KORAMIL, im Zusammenhang mit dem Mord an Marsinah Anklage erhoben und ein Gerichtsverfahren eröffnet. Es spricht einiges dafür, daß die Prozesse einzig und allein in der Absicht geführt worden sind, die Verantwortung des Militärs für den Tod von Marsinah zu verschleiern. So waren in allen Phasen des Verfahrens, von der Inhaftierung bis hin zur Hauptverhandlung, extreme Unregelmäßigkeiten und grobe Verstöße sowohl gegen internationale Rechtsvorschriften als auch gegen die indonesische Strafprozeßordnung festzustellen gewesen.

Mehrere der Angeklagten, unter ihnen eine Frau, waren beispielsweise Anfang Oktober 1993 von Geheimdienstbeamten entführt, bis zu drei Wochen lang von der Außenwelt abgeschnitten in Gewahrsam gehalten und zum Teil unter Folterungen zu einem Mordgeständnis gezwungen worden. Während der Prozesse widerriefen deshalb auch alle neun des Mordes beschuldigten Zivilisten die von ihnen während der Verhöre gemachten Angaben mit der Begründung, daß diese unter Folterungen oder anderweitigen Zwangsmaßnahmen zustandegekommen seien. Im März 1994 bestätigte die Nationale Menschenrechtskommission, daß tatsächlich einige der Angeklagten gefoltert worden waren. Darüber hinaus warf sie den Militärbehörden in den Fällen aller Beschuldigten vor, deren Grundrechte verletzt zu haben. Die Prozesse nahmen dessenungeachtet ihren Fortgang. Bis Mai 1994 waren bereits vier der Angeklagten für schuldig befunden und drei von ihnen zu je zwölf Jahren Freiheitsentzug verurteilt worden. Der Befehlshaber von KORAMIL als einziger in Haft genommener Militärbeamter mußte sich hingegen wegen Nichtanzeige eines Verbrechens lediglich disziplinarrechtlich verantworten.

Nach monatelangen Recherchen unter Mitwirkung verschiedener nichtstaatlicher Organisationen gelangte das ebenfalls regierungsunabhängige Rechtshilfeinstitut LBH im März 1994 zu der Schlußfolgerung, daß Marsinah mit hoher Wahrscheinlichkeit im Hauptquartier von KODIM getötet worden ist und die letztliche Verantwortung für den Mord die obere Hierarchieebene der Militärbehörden trifft. Selbst die Nationale Menschenrechtskommission mochte nicht ausschließen, daß noch „andere Parteien" als die oben erwähnten Angeklagten in den Mordfall verwickelt gewesen sind. Doch weder die Kommission noch das LBH sind berechtigt, gegen die mutmaßlichen Täter Strafanklage zu erheben. Die Mörder von Marsinah haben sich somit bislang dem Arm des Gesetzes entziehen können.

In den zurückliegenden Jahren sind Tausende tatsächliche oder vermeintliche Kriminelle von den Sicherheitskräften oder im Auftrag der Regierung handelnden Todesschwadronen ermordet worden. Die Zahl der Tötungen erreichte ihren Höhepunkt Mitte der 80er Jahre, aber auch in jüngster Zeit sind wiederholt straftatverdächtige Personen systematisch ermordet worden. Gegenüber Kritikern dieser menschenrechtsverletzenden Praktiken verteidigen die Behörden ihr Vorgehen als zur Verbrechensbekämpfung notwendig. So erklärte noch Anfang 1994 der Befehlshaber von *Kopassus*: „Was ist nun wichtiger? Die Menschenrechte von Kriminellen zu schützen oder die von braven Bürgern?"

Zwischen 1983 und 1986 haben die Todesschwadronen der Regierung in verschiedenen indonesischen Städten schätzungsweise 5.000 vermeintliche Kriminelle im Schnellverfahren exekutiert. Ausgeführt wurden diese „mysteriösen Tötungen" von Gruppen zivil gekleideter Männer, die in Fahrzeugen ohne Nummernschild unterwegs waren. Während die Behörden stets jede Verantwortung für die Morde von sich gewiesen und sie auf Bandenkämpfe zurückgeführt haben, enthüllte Präsident Suharto 1989 in seinen Memoiren, daß die „mysteriösen Tötungen" tatsächlich von Angehörigen der Sicherheitskräfte begangen worden und Teil einer überlegten Strategie der Regierung gewesen sind, durch eine Art öffentlicher „Schocktherapie" der Kriminalität Herr zu werden. So ist in den Memoiren, die unter dem Titel „Suharto: Pikiran, Ucapan dan Tindakan Saya" erschienen sind, auf Seite 364 zu lesen: „Wer Widerstand zu leisten versuchte, mußte erschossen werden, ob einem dies nun gefällt oder nicht ... Einige der Leichen wurden aus Gründen der „Schocktherapie" (auf öffentlichen Plätzen) liegengelassen ... Das geschah, um der Öffentlichkeit begreiflich zu machen, daß es noch jemanden gab, der in der

Lage war, Maßnahmen zur Eindämmung des Problems der Kriminalität zu ergreifen."

Die Kampagne der „mysteriösen Tötungen" lief zwar 1986 aus, die dahinter stehende Idee lebt jedoch fort. Auch heute noch greifen Polizei- und Militärbehörden, sobald sie Anzeichen für einen Anstieg der Verbrechensrate feststellen, zu willkürlichen und drastischen Maßnahmen. Seitdem beispielsweise der Polizeichef von Jakarta 1989 seinen Ordnungskräften Anweisung erteilt hat, auch ohne Vorwarnung von der Waffe Gebrauch zu machen, sind bis heute allein in der indonesischen Hauptstadt mehr als 200 vermeintliche Kriminelle erschossen worden. Die meisten starben unter fragwürdigen Umständen im Gewahrsam der Polizei. Glaubt man den Polizeibehörden, so wurden sie größtenteils bei Fluchtversuchen erschossen. Die jeweiligen Umstände der Tötungen lassen jedoch an dieser Version erhebliche Zweifel aufkommen.

Am 24. Mai 1993 beispielsweise wurde ein Mann namens Hartono, den die Behörden des Diebstahls verdächtigten, von Polizeikugeln tödlich getroffen. Angeblich hatte er versucht, den Beamten zu entkommen. Er trug Handschellen, als man ihn erschoß. Aus offiziellen Quellen verlautete nach dem Vorfall, die Polizei habe Hartono in den Westteil Jakartas begleitet, weil er dort die Beamten zum Versteck eines anderen Mitglieds seiner Diebesbande führen sollte. Als sich die Gruppe dem Versteck näherte, so ein Polizeisprecher in der Jakarta Post am 25. April 1993, „versuchte Hartono plötzlich, fortzulaufen und sich aus den Handschellen zu befreien. Die Beamten haben erklärt, es sei ihm gelungen, die Handschellen zu sprengen." Die an der Aktion beteiligten Polizisten behaupteten, sie seien „gezwungen" gewesen, Hartono zu erschießen, weil er dreimalige Warnrufe der Beamten ignoriert habe. Bis Mitte 1994 waren nach Kenntnis von amnesty international weder weitere Ermittlungen in dem Fall durchgeführt noch strafrechtliche Schritte gegen die für den Tod von Hartono verantwortlichen Polizisten eingeleitet worden.

Ungesetzliche Tötungen von vermeintlichen Kriminellen sind keineswegs ein nur in der Hauptstadt Jakarta anzutreffendes Phänomen, sondern auch aus anderen Landesteilen bekannt geworden. Am 16. Juni 1993 beispielsweise kam Syamsul Bahri ums Leben, nachdem er im Gewahrsam der Polizei von Pangkalanbrandan in Nord-Sumatra mit Schlägen mißhandelt und auf ihn mehrere Schüsse abgefeuert worden waren. Nach Angaben der Polizei hatte Syamsul Bahri sich seiner Festnahme zu widersetzen versucht und fünf bewaffnete Beamte mit einer Machete bedroht, weshalb man mit zwei Schüssen auf seine Beine gezielt habe. Auf der anschließenden Fahrt ins Krankenhaus, so die Ordnungskräfte, sei Syamsul Bahri verblutet. Angehörige des Verstorbenen gaben hingegen an, Einschußwunden im Brustbereich und Spuren von Schlägen festgestellt zu haben. Und auch Augenzeugen widersprachen der Version der Polizei, daß Syamsul Bahri die Beamten mit einer Machete bedroht habe. Sie berichteten überdies, der an den Beinen durch die Schüsse verletzte Mann sei nach dem Vorfall zu einem Friedhof gebracht worden. Dortige Anwohner wiederum bestätigten, kurze Zeit später acht Schüsse vernommen zu haben. Ermittlungen der Polizei zur Aufklärung des Geschehens erbrachten schließlich den Nachweis, daß Syamsul Bahri tatsächlich schwer geschlagen worden war und am Körper mehrere Einschußwunden aufwies. Als Angehörige und Nachbarn des Toten beim Polizeichef von Pangkalanbrandan Beschwerde über das Vorgehen der Ordnungskräfte einlegten, sicherte dieser laut *Tempo* vom 3. Juli 1993 zu, daß „ein jeder für schuldig befundene Polizist gemäß Recht und Gesetz belangt wird“. Der Leiter der Polizeibehörden von Nord-Sumatra teilte ebenfalls im Juli mit, daß die an der Aktion beteiligten Beamten derzeit vernommen würden. Bis Mitte 1994 waren sie jedoch allem Anschein nach weder angeklagt noch vor Gericht gebracht worden.

In jüngster Zeit ist die Zahl der im Schnellverfahren vollzogenen Hinrichtungen von straftatverdächtigen Personen in

Indonesien wieder angestiegen. Nach Angaben des LBH starben zwischen 1992 und Anfang 1994 im Großraum Jakarta nicht weniger als 134 vermeintliche Kriminelle durch Schüsse polizeilicher Einsatzkräfte. Im April 1994 gaben die Behörden die Mobilisierung von 16.700 Soldaten und Polizeibeamten bekannt, die in einer als „Operation Säuberung“ bezeichneten Kampagne die indonesische Hauptstadt Jakarta rechtzeitig vor dem Gipfeltreffen des Forums für asiatisch-pazifische wirtschaftliche Zusammenarbeit im November 1994 von Kriminellen befreien sollten. Noch vor Ablauf des Monats April waren rund 700 straftatverdächtige Personen verhaftet und drei erschossen worden. Eine von ihnen trug Handschellen, als die tödlichen Kugeln sie trafen. Die Kampagne wurden von hohen Polizei- und Militärbeamten überschwenglich gutgeheißen, so auch von Jakartas Polizeichef, Generalmajor Hindarto, der in der *International Herald Tribune* vom 3. Mai 1994 erklärte: „Jakarta muß von allen Kriminellen gesäubert werden ... Sie zu erziehen erweist sich hier bei uns nicht weiterhin als effizienter Weg, die Gewaltkriminalität einzudämmen. Wir haben keine Wahl, sondern müssen harte Bandagen anlegen.“

FOLTERUNGEN, MIẞHANDLUNGEN UND TODESFÄLLE IN HAFT

Nach indonesischem Strafrecht, der Strafprozeßordnung des Landes und verschiedenen Ministerialdekreten sind Folterungen und Mißhandlungen verboten. Laut Angaben der Behörden werden selbst den Angehörigen der Streitkräfte bei Ableistung ihres Diensteides derartige menschenrechtsverletzende Praktiken untersagt. Doch all diese Gesetze und anderweitigen Bestimmungen haben Folterungen und Mißhandlungen nicht verhindern können. Sie eröffnen den Opfern nicht einmal effektive Wege, Entschädigungsansprüche geltend machen zu können, geschweige denn, daß sie eine zügige strafrechtliche Verfolgung der Täter sicherstellen.

Folterungen und Mißhandlungen sind in Indonesien und Osttimor allgegenwärtige Realität. Immer wieder sterben Menschen an den Folgen der erlittenen Torturen oder tragen schwere

Verletzungen davon. Anscheinend greifen die Sicherheitskräfte auf ein Standardrepertoire an Folter- und Mißhandlungsmethoden zurück, das sie gleichermaßen gegen politische Gefangene und Strafgefangene einsetzen. Daraus den Schluß zu ziehen, daß Folterungen regierungsamtliche Politik darstellen, würde wohl zu weit gehen, doch ist immerhin die Vermutung naheliegend, daß innerhalb der Sicherheitskräfte die Folter zur festen Größe geworden ist.

Ein Anfang der 80er Jahre an die in Osttimor stationierten Truppen ausgegebenes Handbuch erhärtet einen solchen Verdacht, zumindest, wenn Folterungen im Kontext der Aufstandsbekämpfung begangen werden. Das als „Folterhandbuch" bezeichnete Dokument war 1982 vom Militärkommando KOREM/Wira Dharma erarbeitet worden. In ihm ist nachzulesen: „Es ist zu hoffen, daß Verhöre nicht unter Gewaltanwendung durchgeführt werden, außer in Situationen, in denen sich die zu vernehmende Person schwertut, die Wahrheit zu sagen. Wenn jedoch Gewaltanwendung notwendig ist ... sollte die örtliche Bevölkerung dabei nicht zugegen sein, um das Entstehen von Antipathien bei den Einwohnern zu vermeiden ... Machen Sie möglichst keine Fotos, auf denen Folterungen (von Personen, die Elektroschocks erhalten, nackt ausgezogen sind usw.) zu sehen sind."

Vor allem Menschen, die - ob in Osttimor oder Indonesien - im Zuge von Operationen zur Aufstandsbekämpfung festgenommen werden, schweben in akuter Foltergefahr. Aber auch die Bewohner von Dorfgemeinschaften, die sich ihrer Vertreibung zu widersetzen versuchen, streikende Arbeiter, demonstrierende Studenten oder Journalisten sehen sich in der Haft oftmals Mißhandlungen bis hin zu Folterungen ausgesetzt, insbesondere, wenn ihre Festnahme durch das Militär erfolgt ist. Verurteilte Straftäter und unter Straftatverdacht festgenommene Personen sind, speziell wenn sie aus ärmlichen Verhältnissen stammen und gesellschaftlich benachteiligten Bevölkerungsgruppen angehören, ebenfalls extrem gefährdet, Folterungen und Mißhandlungen zu erleiden. Einige haben die Torturen nicht überlebt, andere schwere Verletzungen davongetragen.

Jüngste Aussagen von Folteropfern begründen den Verdacht, daß bestimmte Folterpraktiken routinemäßig angewandt werden. Die meisten politischen Gefangenen sehen sich einer oder sogar allen der nachfolgend aufgelisteten Methoden unterworfen: Schläge mit Fäusten, Holzstöcken, Eisenstangen, Flaschen, Steinen und Stromkabeln auf den Kopf, die Schienbeine oder den Rumpf; Verbrennungen mit glimmenden Zigaretten; Elektroschocks; Zufügen von Schnittwunden mit Rasierklingen und Messern; Todesdrohungen, Scheinhinrichtungen und vorsätzliches Zufügen von Schußverletzungen; Eintauchen in fauliges Wasser über lange Zeiträume hinweg; Aufhängen an den Fußgelenken und mit dem Kopf nach unten; Isolation sowie Schlaf- und Nahrungsentzug; Verstümmelungen der Genitalien, sexuelle Belästigungen und Vergewaltigungen.

Im Zuge von Operationen der Aufstandsbekämpfung werden Menschen mit dem Ziel gefoltert, politisch und militärisch relevante Informationen zu erpressen, Geständnisse zur Verwendung für politische Gerichtsverfahren zu erzwingen und um die örtliche Bevölkerung einzuschüchtern. In einigen Fällen mögen Folterungen und Mißhandlungen auf die Disziplinlosigkeit einzelner Soldaten zurückzuführen sein, in erster Linie jedoch scheinen Folterhandlungen die Absicht zu verfolgen, Informationen zu erlangen und Terror zu verbreiten.

Familienangehörige und Freunde vermeintlicher Rebellen sahen sich Folterungen und Mißhandlungen ausgesetzt, weil man von ihnen Auskünfte erpressen, sie zur Zusammenarbeit beim Aufspüren der gesuchten Personen zwingen oder auf Verdächtige Druck ausüben wollte, sich den Behörden zu stellen. In Gebieten, in denen der Bevölkerung pauschal Sympathien für die Rebellen unterstellt wurde, zählten vielfach Zivilisten zu den Opfern von Folterungen und Mißhandlungen. Sie wurden bedroht, mit Schlägen gequält und mit nächtlichen Hausdurchsuchungen schikaniert. Es wurden Häuser niedergebrannt, Menschen zu Patrouillendiensten gezwungen und bisweilen sogar vergewaltigt.

OSTTIMOR

Seit der Invasion indonesischer Truppen in Osttimor im Jahre 1975 sind dort tatsächliche und vermeintliche Befürworter der Unabhängigkeit von den militärischen Besatzern routinemäßig gefoltert und mißhandelt worden. Die Praxis, Menschen willkürlich in unbestätigtem Gewahrsam zu halten, die Existenz zahlreicher geheimer Haftzentren und die nahezu uneingeschränkte Handlungsfreiheit der Militärbehörden in ihrem Vorgehen gegen oppositionelle Bestrebungen haben der Folterpraxis in Osttimor Vorschub geleistet. Bischof Belo, Vorsitzender der Katholischen Kirche in Osttimor, erklärte beispielsweise im April 1993 im Gespräch mit einem Journalisten, daß Folterungen an politischen Gefangenen in der Region an der Tagesordnung sind.

Auch der Sonderberichterstatter der Vereinten Nationen für Fragen der Folter gelangte in seinem im Jahre 1992 vorgelegten Bericht zu der Schlußfolgerung, daß in Osttimor Folterungen eine alltägliche Realität darstellen. Er unterbreitete elf konkrete Empfehlungen zur Verhinderung derartiger menschenrechtsverletzender Praktiken. Die Menschenrechtskommission der Vereinten Nationen forderte die indonesische Regierung daraufhin 1992 und erneut 1993 nachdrücklich auf, die Empfehlungen umzusetzen, und erhielt auch eine entsprechende Zusage. Bei Drucklegung dieser Dokumentation Mitte 1994 aber hatte die Regierung mit der Einrichtung einer Nationalen Menschenrechtskommission erst einer der elf Empfehlungen ansatzweise Rechnung getragen.

Der Appell der Menschenrechtskommission der Vereinten Nationen scheint in der Tat weitgehend unbeachtet geblieben zu sein, wie der Fall eines im September 1992 festgenommenen jungen Osttimoresen belegt, der seine Behandlung in der Haft wie folgt beschrieb: „Ich wurde beschuldigt, der Anführer einer geheimen Gruppe zu sein ... Als ich dies abstritt, begannen sie erneut mit grausamsten Folterungen: Elektroschocks, Schläge mit einem Knüppel, Verbrennungen mit Zigaretten und Bügeleisen, während ich auf spitzen Steinen knien mußte. Mein ganzer Körper ist heute voller Narben, die von den Folterungen herrühren.

Während der Verhöre wurde auch einer meiner Kollegen ... hereingebracht und gefoltert. Als ich ihn das erste Mal sah, konnte ich ihn gar nicht erkennen, in solch einem körperlichen Zustand befand er sich."

Einige Menschen in Osttimor sind unter der Folter gestorben, andere haben bleibende gesundheitliche Schäden davongetragen. Zu den Todesopfern zählen unter anderem zwei Jugendliche, die im Dezember 1992 zusammen mit 18 weiteren Studenten im Zuge einer Militäroperation im Bezirk Baucau verhaftet worden waren. Adelino Gomes Fonsesca ist eines der Opfer. Nach seiner Verhaftung hatte man ihn Verhören unterzogen und ihn anschließend in einen Raum zurückgebracht, in dem sich noch ein anderer Student aufhielt. Während der Vernehmungen war Adelino Gomes derart brutal geschlagen worden, daß er stark blutete und die Augen kaum öffnen konnte, weil sie entsetzlich angeschwollen waren. Außerdem verspürte er starke Schmerzen im Brustbereich, und das Atmen fiel ihm schwer. Adelino Gomes starb in den frühen Morgenstunden des 25. Dezember.

In Osttimor sind jedoch nicht nur Personen, die die Behörden der politischen Opposition verdächtigen, von Mißhandlungen und Folterungen gefährdet, auch die Familienangehörigen tatsächlicher oder vermeintlicher Regierungsgegner sahen sich derartigen Grausamkeiten, einschließlich Vergewaltigungen, ausgesetzt, weil man von ihnen Informationen über den Aufenthaltsort oder die Aktivitäten ihrer Verwandten erpressen oder die Gesuchten zwingen wollte, sich den Behörden zu stellen. Zu den Opfern zählten selbst junge Mädchen sowie hochbetagte Frauen und Männer.

Im September 1992 beispielsweise wurden in Baucau eine Frau und ihre Familie mehrere Tage lang von Soldaten gefoltert, die nach dem Sohn der Frau fahndeten, weil sie ihn der Mitgliedschaft in einer für die Unabhängigkeit eintretenden Organisation verdächtigten. Die Verhaftung der Frau erfolgte am 8. September. Als sie während der Verhöre bestritt, über den Aufenthaltsort ihres Sohnes unterrichtet zu sein, mußte sie sich nackt ausziehen, wurde mit Schlägen und Fußtritten traktiert und mit Elektroschocks gequält. Drei Tage später wurden noch einer ihrer Neffen und ihre Schwägerin vom Militär zum Verhör vorgeladen und Folterungen unterworfen. Der 19jährige Neffe wurde geschlagen, mit Fußtritten mißhandelt und Elektroschocks ausgesetzt. Die Soldaten zwangen ihn, sich nackt auszuziehen, fügten ihm an den Genitalien mit Zigaretten Verbrennungen zu und zündeten seine Schamhaare an. Die Schwägerin der Frau wurde ebenfalls mit Schlägen und Fußtritten traktiert, nackt ausgezogen und mit Elektroschocks gefoltert. Während ihrer fünftägigen Haft wurde sie darüber hinaus von Soldaten wiederholt sexuell mißbraucht.

Die indonesischen Behörden haben Berichte über Folterungen und Mißhandlungen in Osttimor stets kategorisch dementiert und denjenigen, die entsprechende Vorwürfe publik gemacht haben, zweifelhafte politische Motive unterstellt. Bisweilen haben sie zwar verbal die Zusicherung gegeben, Foltervorwürfe untersuchen zu lassen, ihre Versprechen jedoch nur selten eingelöst.

Seit Mitte 1989 finden in Aceh routinemäßig Folterungen statt, die bereits mehrere Todesfälle gefordert haben. Nach vorliegenden Erkenntnissen sind Folterungen und Mißhandlungen auf nahezu jeder Ebene der militärischen Kommandostrukturen und in Dutzenden von Einrichtungen der Sicherheitskräfte gängige Praxis. Darüber hinaus sind in Aceh festgenommene vermeintliche Rebellen auch in militärischen und polizeilichen Einrichtungen in der Nachbarprovinz Nord-Sumatra gefoltert worden.

Adnan Beuransyah, ein für die Tageszeitung *Serambi Indonesia* tätiger Journalist und Dozent am Nationalen Islamischen Institut, wurde im August 1990 festgenommen und nahezu acht Monate lang von der Außenwelt abgeschnitten in Haft gehalten, bevor man ihn schließlich vor Gericht brachte. Obwohl Beweise dafür existierten, daß sein Geständnis, Verbindungen zu *Aceh Merdeka* zu unterhalten, unter Folterungen zustandegekommen war, befand das Gericht ihn im Mai 1991 der Subversion für schuldig und verurteilte ihn zu acht Jahren Freiheitsentzug. Sein Berufungsverfahren vor dem Oberen Gericht von Aceh endete im Juli 1991 gar mit einer Erhöhung des Strafmaßes um ein weiteres Jahr. Während des Prozesses gab der Journalist die folgende Beschreibung seiner Behandlung im Gewahrsam des Militärkommandos KOREM/012 in Lampineung in Banda Aceh: „Ich wurde bis auf die Unterwäsche ausgezogen und meine Hände auf dem Rücken gefesselt. Anschließend versetzten sie mir Fausthiebe und Fußtritte gegen Brust und Beine, bis ich zu Boden fiel. Man brachte mich wieder zu Bewußtsein, nur um erneut am ganzen Körper auf mich einzuprügeln und mich mit Fußtritten zu quälen. Ich brach wieder zusammen und bekam Atembeschwerden. Etwa eine Stunde ging es so weiter. Dann wurde ich in einen anderen Raum gebracht ... mit einer Holzlatte geschlagen und erneut mit Fußtritten malträtiert.

Sie hatten es besonders auf meine Schienbeine abgesehen. Auch auf dem Rücken habe ich immer noch Narben. Mein Haar und meine Nase wurden mit Zigarettenstummeln versengt. Ich erhielt Elektroschocks an den Füßen, den Genitalien und den Ohren, bis ich das Bewußtsein verlor. Später mußte ich mich mit ausgestreckten Beinen hinsetzen, während sie mir eine Holzlatte über die Knie hielten. Ein anderes Stück Holz wurde unter meine Sitzfläche geschoben, das sie anschließend auf- und niederbewegten, so als würde ein Auto mit einem Wagenheber in die Höhe gestemmt. Meine Knie fühlten sich an, als würden sie brechen.

In dieser Haltung war ich gezwungen, alles zu gestehen, was sie mir zur Last legten. Damals dachte ich, es sei besser, allem, was sie von mir verlangten, zuzustimmen. Die Auf- und Niederbewegungen hörten danach auf ... Meine Augen aber waren noch immer verbunden und der Draht für die Elektroschocks noch immer an meinen großen Zehen befestigt. Wenn ich etwas sagte, das ihnen mißfiel, drehten sie den Strom wieder an ... Das ging so weiter, bis ich das Verhörprotokoll unterzeichnete."

Auf eine Anfrage des Sonderberichterstatters der Vereinten Nationen für Fragen der Folter vom 21. August 1992 bestätigte die indonesische Regierung zwar, daß Adnan Beuransyah verhaftet und verurteilt worden war, versicherte aber zugleich, „keinerlei Hinweise" für die Anwendung der Folter an dem Gefangenen entdeckt zu haben.[2]

Zu den Folter- und Mißhandlungsopfern in Aceh zählen ferner Familienangehörige vermeintlicher Rebellen. Im Juni 1990 beispielsweise wurde Nasrun Majid von einer Gruppe von rund 40 Soldaten verhaftet, die auf der Suche nach Razali Abdul Hamid, seinem älteren Bruder, in das Haus der Familie in Alue Nirih in Peureulak eingedrungen waren. Razali Abdul

[2]Bericht des Sonderberichterstatters der Vereinten Nationen für Fragen der Folter, Dokument E/CN.4/1993/26, S. 62

Hamid stand im Verdacht, aktives Mitglied von *Aceh Merdeka* zu sein. Da die Soldaten ihn in dem Haus nicht vorfanden, nahmen sie stattdessen Nasrun Majid fest und hielten ihn elf Tage in der Militärkommandantur KODIM in Lhokseumawe in Gewahrsam. Nach Angaben seiner Verwandten wurde er dort während der Verhöre mit einem Holzknüppel auf Kopf und Schienbeine geschlagen. Man ließ ihn schließlich unter der Bedingung frei, daß er den Behörden behilflich ist, seinen Bruder aufzuspüren. Auch auf die Ehefrau von Razali wurde Druck ausgeübt, um Informationen über den Aufenthaltsort des vermeintlichen Rebellen zu erzwingen. So tauchten Ende 1990 mehrere Soldaten in ihrem Haus in Alue Nirih auf und stellten ihr Fragen nach dem Verbleib ihres Mannes. Als sie diese nicht beantworten konnte, soll einer der Soldaten ihr neugeborenes Baby gegriffen und mit dem Kopf nach unten gehalten haben, wobei er der Frau mit den Worten drohte: „Wenn wir Deines Mannes nicht habhaft werden können, nehmen wir statt ihm das Baby." Zwar machten die Soldaten damals ihre Drohung nicht wahr, doch schikanierten sie die Frau in den folgenden sechs Monaten dadurch, daß sie mindestens einmal pro Woche in dem Haus auftauchten, um nach Razali zu suchen. Im März 1991 beschlossen daraufhin 17 Mitglieder der Familie, nach Malaysia zu fliehen und um Asyl nachzusuchen. Dort wurden sie als illegale Einwanderer festgenommen.

IRIAN JAYA

Im Juli 1990 wurde der als führendes OPM-Mitglied verdächtigte Melkianus Salosa zwangsweise von Papua-Neuguinea nach Indonesien zurückgeführt, bei seiner Ankunft in seiner Heimat unverzüglich festgenommen und von der Außenwelt abgeschnitten in militärischem Gewahrsam gehalten. Im März 1991 sprach ihn ein Gericht der Subversion schuldig und verurteilte ihn zu lebenslangem Freiheitsentzug. Schon wenige Monate nach der Festnahme von Melkianus Salosa erhielt amnesty international von Berichten Kenntnis, denen zufolge er in der Haft Folterungen ausgesetzt war. In einem dieser Berichte hieß es beispielsweise, man habe ihm Finger- und Fußnägel ausgerissen und ihm mehrere Zähne ausgeschlagen. Im Gesicht habe er überdies schwere Blutergüsse davongetragen. Ein in derselben Haftanstalt wie Melkianus Salosa inhaftierter politischer Gefangener erklärte nach seiner Freilassung, beobachtet zu haben, wie der angebliche OPM-Aktivist aus seiner Zelle gebracht wurde, wobei er an den Händen stark blutete. Etwa ein Jahr später wurde Melkianus Salosa außerhalb des Hochsicherheitsgefängnisses, in dem er inhaftiert gewesen war, tot aufgefunden. Glaubt man den Militärbehörden, so war ihm die Flucht aus der Haftanstalt gelungen und sein Tod durch Erfrieren eingetreten. Die Indizienlage spricht hingegen dafür, daß Melkianus Salosa im Gewahrsam des Militärs vorsätzlich getötet worden ist.

FRIEDLICHE DEMONSTRANTEN

Mißhandlungen stellen eine typische Reaktion der Behörden auf gewaltfreie politische Proteste oder angebliche Gefährdungen der „öffentlichen Ordnung" dar. Sie tragen den Charakter von Strafsanktionen gegenüber Menschen, die ihre verfassungsmäßig garantierten Rechte auf freie Meinungsäußerung und Versammlungsfreiheit wahrnehmen. Zu den Opfern von Mißhandlungen zählen Demonstranten, an Streikmaßnahmen beteiligte Arbeiter, Menschenrechtsaktivisten, Studenten und Personen, denen die Zwangsvertreibung aus ihren Häusern droht. Auch

Slumbewohner sahen sich im Zuge sogenannter Kampagnen für mehr „Sauberkeit“ und „Ordnung“ Mißhandlungen durch die Sicherheitskräfte ausgesetzt. Journalisten und Pressefotografen, die bei Demonstrationen über das Vorgehen der Sicherheitskräfte zu berichten versucht haben, mußten ebenfalls Mißhandlungen erleiden.

Oftmals finden Mißhandlungen in Form von Schlägen, Fußtritten und Drohungen statt. Werden Demonstranten oder vermeintliche politische Oppositionelle zu Verhören in Haft genommen, drohen ihnen aber auch brutalere Folterpraktiken wie etwa Elektroschocks oder Vergewaltigungen.

Am 25. und 26. Januar 1993 beispielsweise wurden in Surabaya in Ost-Java mindestens 17 Studenten, während sie sich zu Vernehmungen im Gewahrsam des Militärischen Nachrichtendienstes befanden, gefoltert oder mißhandelt. Ihr „Vergehen“ hatte darin bestanden, daß sie sich an einer friedlichen Solidaritätskundgebung zugunsten von Kleinbauern aus Belangguan beteiligt hatten, die von ihrem Land vertrieben worden waren, weil dort ein militärisches Übungsgelände entstehen sollte. In der Haft mußten sich die Studenten, unter ihnen eine Frau, nackt ausziehen. Anschließend wurden sie mit Metallstangen geschlagen und ihnen Fausthiebe ins Gesicht und in den Magen versetzt. Mindestens elf der Studenten sahen sich darüber hinaus Folterungen mit Elektroschocks ausgesetzt.

Ebenfalls im Januar 1993 sollen der junge Fabrikarbeiter Imam Basuki und zwei seiner Kolleginnen, bekannt unter den Namen „Das“ und „Mep“, während ihrer dreitägigen Haft auf dem Stützpunkt des Militärkommandos KOREM in Surabaya in Ost-Java gefoltert oder mißhandelt worden sein. In den Tagen ihres Aufenthalts auf dem Stützpunkt durften sie keinerlei Kontakt zur Außenwelt aufnehmen. Die drei in der Fabrik PT Victory Long Age Beschäftigten hatten sich in einem seit längerer Zeit schwelenden Tarifkonflikt aktiv für die Rechte der Arbeiter eingesetzt. Sie waren von Soldaten entführt und zum

Hauptquartier des Kommandos KOREM 084/Bhaskara Jaya gebracht worden. Die beiden Frauen gaben später an, in einen separaten Raum geführt worden zu sein, dort jedoch die Schmerzensschreie von Imam Basuki, als dieser mit Schlägen malträtiert wurde, deutlich vernommen zu haben. Am Morgen des nächsten Tages betraten zwei Soldaten den Raum, in dem die Frauen untergebracht waren, und vergewaltigten „Das". Später wurde sie von einem anderen Soldaten erneut zweimal sexuell mißbraucht. Ihr Vergewaltiger soll überdies großspurig geäußert haben: „Geht doch und meldet uns (dem Kommandeur). Er wird nichts unternehmen. Dies ist unser Recht." Imam Basuki und seine beiden Arbeitskolleginnen wurden erst freigelassen, nachdem sie sich schriftlich verpflichtet hatten, über ihre Behandlung in der Haft Stillschweigen zu bewahren und sich nicht weiterhin an Arbeitskampfmaßnahmen zu beteiligen.

STRAFGEFANGENE UND UNTER STRAFTATVERDACHT FESTGENOMMENE PERSONEN

In ganz Indonesien und Osttimor besteht für Personen, die einer Straftat verdächtig sind, akute Gefahr, im Gewahrsam der Polizei oder der Gefängnisbehörden Folterungen und Mißhandlungen zu erleiden. Zu den am häufigsten berichteten Methoden zählen Schläge mit Knüppeln, Metallstangen, Elektrokabeln und Fäusten. Aber auch von sexuellen Belästigungen bis hin zu Vergewaltigungen hat amnesty international Kenntnis erhalten. Bisweilen ordnen Polizei- und Gefängnisbeamte darüber hinaus Strafsanktionen an, deren Ziel es ist, Häftlinge zu erniedrigen oder emotional aus dem Gleichgewicht zu bringen. So werden etwa Gefangene gezwungen, Exkremente hinunterzuschlucken oder ihren Urin zu trinken. Man rasiert ihnen die Haare ab und bemalt anschließend ihre Kopfhaut oder nötigt sie, auf Befehl hin beim Militär übliche Exerzierübungen zu absolvieren. In der Tageszeitung *Suara Merdeka* vom 16. Mai 1993 wurde über den Fall eines Mannes und einer Frau berichtet, die im Verdacht des unerlaubten Geschlechtsverkehrs standen. Beide wurden zur örtlichen Polizeistation gebracht, mit Schlägen mißhandelt und gezwungen, auf dem Boden des Vernehmungszimmers ihr „Verbrechen“ zweimal zu wiederholen.

Nach vorliegenden Meldungen stirbt alljährlich eine Vielzahl von Häftlingen an den Folgen von Folterungen oder Mißhandlungen, die ihnen im Gewahrsam von Polizei oder Gefängnisbehörden zugefügt worden sind. amnesty international hat in den zurückliegenden fünf Jahren mehr als 100 solcher Todesfälle registrieren müssen. Die tatsächlichen Zahlen dürften noch wesentlich höher liegen, da die Behörden derartige Zwischenfälle gewöhnlich zu vertuschen versuchen und unabhängige Ermittlungen nur sehr begrenzt möglich sind.

Im Jahre 1993 beispielsweise folterten Polizeibeamte in Indramayu in West-Java einen Bauarbeiter zu Tode, fügten seiner Frau derart schwere Verletzungen zu, daß sie anschließend im Krankenhaus stationär behandelt werden mußte, und zwangen den neunjährigen Sohn des Ehepaares, der Peinigung seiner Eltern zuzuschauen und sich sogar daran zu beteiligen. Alleiniger Auslöser für den abscheulichen Vorgang war der Diebstahl einer Geldbörse. Der neunjährige Junyonto galt als tatverdächtig und wurde am 16. Januar 1993 festgenommen. Auf der Polizeiwache versetzte man ihm Schläge auf die Fußsohlen und fügte ihm mit glimmenden Zigaretten Verbrennungen zu. In dieser Situation gab der Junge zu, die Brieftasche gestohlen und sie seinen Eltern gegeben zu haben.

Tags darauf nahm die Polizei Dasmen, die Mutter des Jungen, und seinen Vater, Sudarmono, fest. Dasmen wurde von den Beamten wiederholt mit Schlägen und Fußtritten traktiert, bestritt jedoch jedwede Kenntnis über den Vorgang der gestohlenen Geldbörse. Daraufhin fesselten die Vernehmungsbeamten sie an den Beinen, hängten sie mit dem Kopf nach unten an der Decke auf und zerrten sie erbarmungslos an den Haaren, während sie sie ununterbrochen mit Fragen bedrängten. Anschließend wurde Junyonto in den Raum gebracht und gezwungen, auf seine eigene Mutter einzuprügeln. Dasmen versicherte dennoch immer wieder, nichts von der gestohlenen Geldbörse gewußt zu haben. Als sie unter den Torturen das Bewußtsein verlor, wurde sie in ein Krankenhaus gebracht, wo sie erst nach drei Tagen wieder aus dem Koma erwachte. Da die Polizisten Dasmen zu keinem Geständnis hatten zwingen können, versuchten sie am nächsten Tag, aus ihrem Ehemann Sudarmono unter Folterungen ein Schuldanerkenntnis zu erpressen. Der neunjährige Junyonto wurde gezwungen, den Grausamkeiten zuzusehen. Er berichtete später, sein Vater sei wiederholt mit Fußtritten und Fausthieben traktiert worden, bis er ohnmächtig geworden sei. Die Polizei fuhr daraufhin Sudarmono ins Krankenhaus, doch konnte dort nur noch der Tod festgestellt werden.

Ein Aufschrei der Entrüstung in der Bevölkerung vor Ort veranlaßte die Polizeibehörden zu dem Versprechen, daß die für den Vorfall Verantwortlichen zur Rechenschaft gezogen würden. Später hieß es von offizieller Seite, es seien fünf Polizeibeamte verhaftet und für weitere Vernehmungen der Militärpolizei überstellt worden. Von darüber hinaus gehenden Maßnahmen hat amnesty international keine Kenntnis erhalten. Ob gegen die tatverdächtigen Beamten Anklage erhoben worden ist, war bei Drucklegung der vorliegenden Veröffentlichung Mitte 1994 noch ungewiß.

Häufig dienen Folterungen und Mißhandlungen dem Ziel, Gefangenen eine Lektion zu erteilen oder persönliche Rachegefühle an ihnen abzureagieren. Im November 1992 beispielsweise wurde Antony Ginting, ein Busschaffner aus Deli Tua, Nord-Sumatra, von Polizisten entführt, geschlagen, mit Zigaretten verbrannt und durch mehrere Schüsse in die Beine verletzt. Die Beamten verdächtigten Antony Ginting, aus ihrer Kaserne Gegenstände entwendet zu haben. Nach Aussagen des

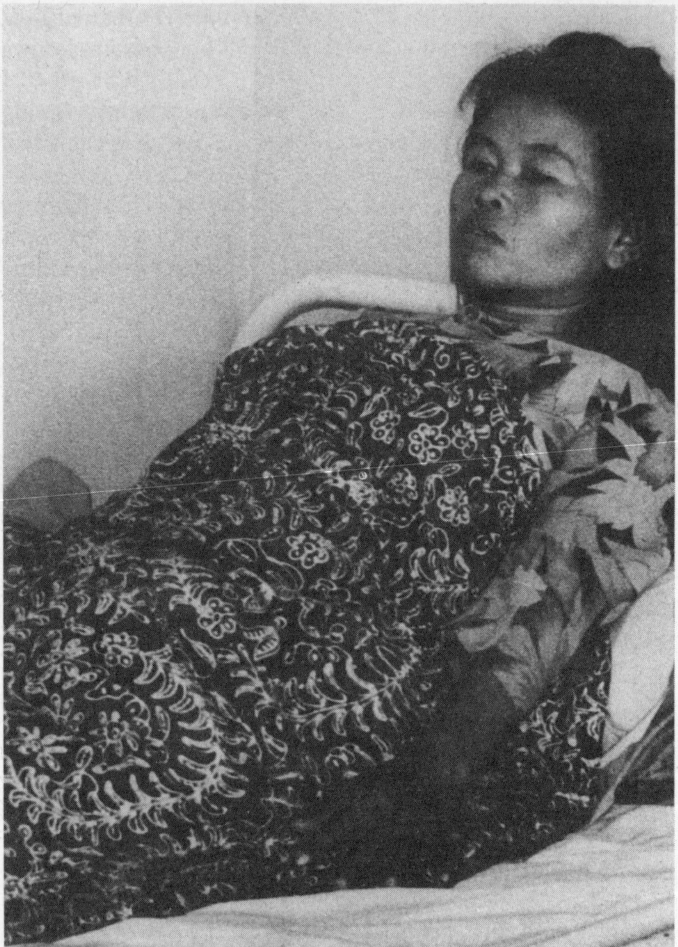

Dasmen, die Mutter des neunjährigen Junyonto, im Krankenbett. Sie verlor unter Folterungen das Bewußtsein und mußte in eine Klinik eingeliefert werden.
©Tempo

Busschaffners hatten die Polizisten ihn ohne Haftbefehl festgenommen, an den Händen gefesselt und in einen Lastwagen gestoßen.

Während der Fahrt stellten die Beamten Antony Ginting pausenlos Fragen. Da er den ihm zur Last gelegten Diebstahl beharrlich bestritt, hielten sie den Wagen mehrmals an, um auf den Gefangenen einzuprügeln, ihn mit ihren Pistolen zu bedrohen, ihm Chili in die Augen zu reiben und ihm mit Zigaretten Verbrennungen zuzufügen. Bei einem dieser Zwischenstopps zwangen ihn drei der Polizisten niederzuknien. Anschließend urinierten sie in sein Gesicht. Als der Wagen eine außerhalb der Stadt gelegene Kakaoplantage erreicht hatte, mußte Antony Ginting aussteigen und wurde an einen Baum gefesselt. Während der nachfolgenden Verhöre versetzte ihm einer der Beamten mit einem Holzstab schwere Schläge auf die Knie und andere Körperteile. Ein zweiter Beamter feuerte insgesamt zwölf Schüsse auf seine Beine ab. Andere anwesende Polizisten brachen ihm mit einem Hammer die Fingerknochen und verletzten ihn mit einem Schraubenzieher am Kopf, bis das Blut floß. Antony Ginting verlor unter den Torturen das Bewußtsein und kam erst wieder im Krankenhaus zu sich.

Nach zwei Monaten Klinikaufenthalt wurde Antony Ginting erneut von der Polizei festgenommen und des Diebstahls angeklagt. Weil er weitere Folterungen befürchtete, legte er ein Geständnis ab und wurde daraufhin zu fünf Monaten Haft verurteilt. Im August 1993 kam er aus dem Gefängnis frei und reichte offiziell Klage wegen der erlittenen Mißhandlungen ein. Selbst der Polizeichef von Deli Tua räumte im November gegenüber Journalisten ein, daß Antony Ginting von den Ordnungskräften mißhandelt worden war. Er bezog sich auf eine interne Untersuchung und erklärte: „ ... Sollten Mitglieder meiner Einheit schuldig sein, so werden sich meine Vorgesetzten mit ihnen befassen.“ Bis Mitte 1994 hingegen war noch keiner der sieben an der Mißhandlung von Antony Ginting beteiligten Polizisten angeklagt oder mit Sanktionen belegt worden.

In den wenigen Fällen, in denen die mutmaßlich für Folterungen Verantwortlichen angeklagt und vor Gericht gebracht werden, ergehen oftmals Freisprüche, oder es werden äußerst milde Strafen verhängt. Der Tod des Häftlings Djatmiko und die offiziellen Reaktionen darauf sind hierfür ein typisches Beispiel. Djatmiko verstarb im Dezember 1992 im Gefängnis von Sragen in Zentral-Java. Er wurde von Wärtern zu Tode geprügelt. Die Behörden lieferten anschließend eine Reihe von sich widersprechenden Versionen über das Geschehen ab. Während beispielsweise der Gefängnisdirektor behauptete, Djatmiko sei gestürzt und habe sich dabei tödliche Verletzungen am Kopf zugezogen, ließ einer der Strafvollzugsbeamten der Haftanstalt die Familie von Djatmiko wissen, ihr Verwandter sei an einer Magenerkrankung gestorben. Ein anderer Gefängniswärter wiederum erklärte, Djatmiko habe für die Beamten einen Botengang erledigt und sei dabei von einem Auto angefahren

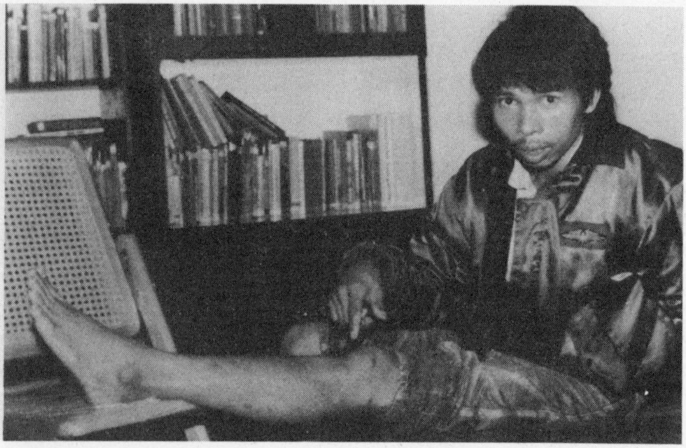

Der Busschaffner Antony Ginting aus Nord-Sumatra wurde von Polizisten brutal gefoltert.

© Yayasan Pijar

und tödlich verletzt worden. Am Ende lautete die offizielle Darstellung, verbreitet sowohl von den Gefängnisbehörden als auch vom Justizministerium, Djatmiko sei Verletzungen erlegen, die er sich während einer Auseinandersetzung mit Wärtern zugezogen habe. Ermittlungen der Polizei erbrachten Anhaltspunkte dafür, daß möglicherweise bis zu zwölf Gefängnisbeamte an dem Zwischenfall beteiligt gewesen waren. Anhand einer Obduktion der Leiche von Djatmiko konnte überdies der Nachweis geführt werden, daß der Häftling wiederholte Schläge am Kopf sowie eine Fraktur der Nackenwirbel erlitten hatte.

Im März 1993 mußten sich im Zusammenhang mit dem Tod von Djatmiko vier Gefängniswärter vor dem Bezirksgericht von Sragen verantworten. Die Staatsanwaltschaft legte während des Prozesses Beweise dafür vor, daß die Angeklagten Djatmiko abwechselnd mit Schlägen, Fußtritten und Fausthieben mißhandelt haben und einer der Beamten ihm mehrmals mit einem metallenen Klappstuhl Schläge gegen den Kopf versetzt hat, bis der Häftling zusammenbrach und verstarb. Die Wärter stritten diese Anschuldigung zwar nicht ab, machten jedoch geltend, aus Notwehr gehandelt zu haben. Sie wurden der Körperverletzung mit Todesfolge angeklagt, ein Tatbestand, der mit einer Höchststrafe von zwölf Jahren Freiheitsentzug geahndet werden kann. Der Prozeß aber endete im November 1993 für alle Angeklagten mit einem Freispruch. Als der Vater von Djatmiko, ein Landarbeiter, den Urteilsspruch vernahm, rief er spontan: „Das ist nicht fair. Sie haben einen Mann getötet. Wie kann man sie da frei laufen lassen?“

INHAFTIERUNGEN AUS POLITISCHEN GRÜNDEN UND UNFAIRE GERICHTSVERFAHREN

Unter der Regierung der „Neuen Ordnung“ ist die Inhaftierung politischer Gegner zur gängigen Praxis geworden. Seit 1966 haben Gerichte schätzungsweise 3.000 Angeklagte politischer Delikte schuldig gesprochen und zu Gefängnisstrafen verurteilt, die meisten nach unfairen Prozessen. Hunderttausende andere Oppositionelle sind bis zu 14 Jahre lang ohne Anklage oder Gerichtsverfahren in Gewahrsam gehalten worden und einige von ihnen in der Haft dem „Verschwindenlassen“ zum Opfer gefallen.

Bei Drucklegung dieser Dokumentation Mitte 1994 verbüßten in Indonesien und Osttimor rund 350 politische Gefangene die gegen sie verhängten Freiheitsstrafen, unter ihnen zahlreiche gewaltlose politische Gefangene. Zu den Inhaftierten zählen Befürworter der Unabhängigkeit von Osttimor, Aceh und Irian Jaya, islamische Aktivisten, ehemalige Mitglieder der kommunistischen Partei, Studenten, Bauern, Arbeiter und Menschenrechtler. Sie wurden mit Freiheitsentzug bestraft, weil sich in ihrem Besitz verbotene Literatur befunden, sie Kritik am indonesischen Wahlsystem geübt, sich gewaltfrei gegen ihre Vertreibung zur Wehr gesetzt, Informationen über Menschenrechtsverletzungen verbreitet, an friedlichen Flaggenhissungen teilgenommen, sich für engere Bindungen unter den Moslems ausgesprochen, die Staatsideologie *Pancasila* kritisiert oder auch nur gewaltfreie Demonstrationen organisiert hatten.

Politische Prozesse in Indonesien und Osttimor werden nahezu durchgängig international verankerten Grundsätzen für faire Gerichtsverfahren nicht gerecht. Tatsächlich handelt es sich um kaum mehr als Schauprozesse, denen die folgenden Merkmale anhaften:

- ☐ Ist gegen eine Person Anklage erhoben worden, so wird von deren Schuld ausgegangen. Ihre Verurteilung ist bereits im Vorfeld beschlossene Sache.
- ☐ Angeklagten wird routinemäßig die Kontaktaufnahme zu einem Rechtsbeistand eigener Wahl verwehrt. Anwälte erhalten oftmals erst bei Prozeßbeginn Einsicht in die Gerichtsakten.
- ☐ In politischen Verfahren liegt die Verteidigung häufig in den Händen unerfahrener und vom Gericht bestellter Rechtsanwälte. In ihnen finden die Angeklagten keinen kompetenten Rechtsbeistand.
- ☐ Oftmals ergehen Schuldsprüche auf der Basis von Geständnissen und Aussagen, die durch keinerlei anderweitige Beweise erhärtet oder unter Zwangsmaßnahmen zustandegekommen sind.
- ☐ Die Gerichtsverhandlungen werden in der indonesischen Sprache geführt, die nicht von allen Angeklagten beherrscht wird. Qualifizierte Übersetzer aber stehen nicht immer zur Verfügung.

- Häufig wird Angeklagten das Recht verwehrt, Zeugen der Staatsanwaltschaft ins Kreuzverhör zu nehmen, während Zeugen der Verteidigung von den Gerichten oftmals gar nicht erst gehört werden.
- Beweise für Mißhandlungen, Folterungen und andere Unregelmäßigkeiten während des vorgerichtlichen Verfahrens werden von den Richtern durchgängig nicht zur Kenntnis genommen
- Staatsanwälte, Verteidiger und Richter unterliegen der Einflußnahme durch Regierungs- und Militärbehörden, die Druck ausüben, um Schuldsprüche sicherzustellen.

Politische Prozesse in Indonesien und Osttimor sollen eindeutig der Abschreckung dienen. Diese Schlußfolgerung muß sich aufdrängen angesichts der oftmals extrem vage formulierten Anklageschriften, der meist ungesicherten Beweislage und der drakonischen Strafzumessungen. Sie werden darüber hinaus in der Absicht geführt, das Trugbild von Indonesien als einem nach rechtsstaatlichen Grundsätzen regierten Land zu pflegen. Tatsächlich jedoch mangelt es politischen Prozessen in jeder Hinsicht an Rechtsstaatlichkeit. Sie belegen vielmehr die Willkür, die dem gesamten indonesischen Justizsystem innewohnt, und machen die Anfälligkeit der rechtsprechenden Gewalt für Einflußnahmen durch die politisch Machthabenden, insbesondere das Militär, deutlich. Den Worten eines Streitkräftekommandeurs aus Aceh, geäußert 1991 in einem Gespräch mit Anwälten des Indonesischen Rechtshilfeinstituts LBH, ist nichts hinzuzufügen. Sein Fazit: „Sie können Ihre (Strafprozeßordnung) verspeisen. Hier hat sie jedenfalls keine Gültigkeit."

Im allgemeinen verbessert sich die Behandlung politischer Gefangener, sobald sie verurteilt und den Strafvollzugsbehörden überstellt worden sind. Problematisch bleibt die Situation vor allem für diejenigen Häftlinge, die in abgelegenen Landesteilen und in den Hochsicherheitsgefängnissen ihre Strafen verbüßen, wo für Besuche von Rechtsanwälten, Ärzten und

Familienangehörigen strikte Beschränkungen angeordnet werden können. amnesty international hat aus derartigen Strafvollzugseinrichtungen immer wieder von Berichten Kenntnis erhalten, denen zufolge politische Gefangene ums Leben gekommen sind oder Verletzungen davongetragen haben. Die Korrespondenz politischer Gefangener wird oftmals zensiert oder ganz unterbunden. Ein schwerwiegendes Problem ergibt sich auch aus der weitverbreiteten Korruptheit der Strafvollzugsbediensteten für diejenigen Gefangenen, die nicht von außen finanziell oder mit den Dingen des täglichen Bedarfs versorgt werden.

Die in Indonesien geltenden Straferlaßvorschriften finden zwar auf einige, nicht jedoch auf alle politischen Gefangenen Anwendung. Bei guter Führung wird Gefangenen aus Anlaß des Unabhängigkeitstages alljährlich ein Strafnachlaß von bis zu vier Monaten gewährt. Jüngst überarbeitete Richtlinien ermöglichen es darüber hinaus, Häftlinge nach Ablauf von zwei Drittel ihrer Strafe vorzeitig auf Bewährung in die Freiheit zu entlassen, andere Änderungen der Rechtslage lassen jedoch für bestimmte Kategorien von Gefangenen eine vorzeitige Haftentlassung unwahrscheinlich erscheinen. Ein Präsidialdekret aus dem Jahre 1987 beispielsweise besagt, daß Häftlingen, die eine lebenslange Freiheitsstrafe verbüßen, nur mit Zustimmung des Präsidenten ein Strafnachlaß eingeräumt werden darf. Gänzlich ausgeschlossen ist ein Straferlaß in den Fällen derjenigen Gefangenen, die ursprünglich zum Tode verurteilt worden sind und später eine Umwandlung des Urteils in lebenslange Haft haben erwirken können.

Nur selten werden politische Gefangene bedingungslos freigelassen. Einige der an ihre Haftentlassung geknüpften Auflagen stellen einen Verstoß gegen internationale Menschenrechtsnormen dar, in denen die Rechte auf Meinungsfreiheit und freie Meinungsäußerung verankert sind. So müssen Gefangene, wenn sie freigelassen werden wollen, unter Beweis stellen, daß sie sich politisch umorientiert haben. Von den meisten wird verlangt, daß sie in der Haft an politischen „Umerziehungsmaßnahmen“ teilnehmen und vor ihrer Freilassung gegenüber dem Staat und seiner Ideologie *Pancasila* Loyalität schwören. Auch nach ihrer Haftentlassung sehen sich ehemalige politische Gefangene einschneidenden Einschränkungen unterworfen. Vielfach müssen sie sich über Jahre hinweg regelmäßig bei den Militär- oder Polizeibehörden melden. Dies gilt selbst für diejenigen, gegen die niemals ein Gerichtsverfahren angestrengt worden ist. Darüber hinaus sind ehemalige politische Gefangene meist auch in ihren Rechten auf Teilnahme an Wahlen, auf Reisefreiheit und auf Arbeit beschnitten. Bisweilen müssen selbst ihre Familienangehörigen mit derartigen Eingriffen in ihre Rechte leben.

Viele tausend Gefangene sind niemals vor ein Gericht gebracht, sondern ohne Anklage und Prozeß willkürlich in Haft gehalten worden, einige von ihnen nicht weniger als 14 Jahre lang. Im Zuge von Operationen zur Aufstandsbekämpfung ist es gängige Praxis, Menschen willkürlich und von der Außenwelt abgeschnitten in Gewahrsam zu halten. Dies geschieht zum einen, um vermeintliche Oppositionelle einzuschüchtern, zum anderen, um nachrichtendienstlich relevante Informationen zu erlangen. Auch zur Verhinderung oder Niederschlagung von Streiks und zur Unterbindung jeglicher Zusammenkünfte, von Demonstrationen und anderen Veranstaltungen lassen die Behörden verdächtige Personen willkürlich verhaften. Weitverbreitete Kritik an dieser Praxis hat allerdings in jüngster Zeit dazu geführt, daß die staatlichen Stellen einer anderen taktischen Variante den Vorzug geben. Sie nehmen Personen meist nur noch für kurze Zeit in Willkürhaft: Verdächtige werden zu Verhörzwecken festgenommen und oftmals im Gewahrsam bedroht oder mißhandelt, allerdings innerhalb der gesetzlichen Frist von 24 Stunden wieder freigelassen. Auf diese Weise verfügen die Behörden auch weiterhin über eine Handhabe, friedliche Proteste zu unterdrücken und deren vermeintliche Organisatoren einzuschüchtern, doch können sie sich nunmehr darauf berufen, „rechtmäßig“ zu handeln. Willkürliche Massenverhaftungen werden zudem häufig mit dem Argument der „nationalen Sicherheit“ gerechtfertigt.

Die vom Militär willkürlich festgenommenen und in unbestätigter Haft gehaltenen Personen fallen vielfach dem „Verschwindenlassen“ zum Opfer. Damit erhöht sich für sie die Gefahr, im Gewahrsam gefoltert und extralegal hingerichtet zu werden. Die Problematik ist in besonderer Schärfe in Aceh und Osttimor zutage getreten, doch gilt generell, daß überall dort, wo die Behörden unwidersprochen geltend machen können, im Interesse der „nationalen Sicherheit“ zu handeln, eine Situation gegeben ist, die dem „Verschwindenlassen“ Vorschub leistet. Gesetzliche Bestimmungen, die den Schutz der Rechte inhaftierter Personen sicherstellen sollen, werden entweder ignoriert oder durch Ausnahmeverordnungen abgelöst. Extrem gefährdet, dem „Verschwindenlassen“ zum Opfer zu fallen, sind Häftlinge, die von den Aufstandsbekämpfungstruppen der Eliteeinheit *Kopassus* in Gewahrsam genommen wurden. Ein Bewohner von Aceh äußerte sich ähnlich skeptisch: „Wenn Du vom Militär abgeführt wirst, stehen Deine Chancen fifty-fifty, wieder aufzutauchen. Wenn aber Kopassus Dich verhaftet, kannst Du es vergessen.“

OSTTIMOR

Seit der Invasion indonesischer Truppen im Jahre 1975 sind in Osttimor Tausende Menschen ohne Anklage oder Gerichtsverfahren in Haft genommen worden, von denen mehrere hundert bis heute nicht wieder aufgetaucht sind. Gegen Hunderte andere wurden seit Mitte der 80er Jahre Schauprozesse geführt, in denen man sie der Opposition gegen die indonesische Herrschaft für schuldig befand und zu Freiheitsstrafen verurteilte.

Da die Vereinten Nationen den Souveränitätsanspruch Indonesiens auf Osttimor nicht anerkennen, ist es fraglich, ob indonesische Gerichte dort überhaupt Rechtsprechungskompetenz besitzen.

Mitte 1994 verbüßten rund 20 Osttimoresen Haftstrafen bis hin zu lebenslangem Freiheitsentzug. Gerichte hatten sie der Subversion, der „Äußerung feindseliger Gefühle" gegenüber der Regierung oder anderer politischer Delikte schuldig gesprochen. In der Mehrzahl war ihnen zur Last gelegt worden, die Trauerkundgebung auf dem Friedhof von Santa Cruz im November 1991 beziehungsweise eine friedliche Demonstration, die wenig später aus Protest gegen das Massaker in Jakarta stattgefunden hatte, organisiert zu haben. Während der Verhöre waren die Häftlinge vielfach ohne Kontakt zur Außenwelt festgehalten und gefoltert worden. Aus den Äußerungen der Staatsanwälte und Richter während der Verhandlungen ist zudem ersichtlich geworden, daß die Prozesse in erster Linie den Zweck verfolgten, die Angeklagten dafür zu bestrafen, daß sie die indonesiche Regierung international in Bedrängnis gebracht haben.

Zu den 1992 verurteilten Gefangenen zählen Francisco Miranda Branco, gegen den eine 15jährige Haftstrafe verhängt wurde, und Gregorio Da Cunha Saldanha, dessen Urteil auf lebenslangen Freiheitsentzug lautete. Beide waren für schuldig befunden worden, die Trauerkundgebung auf dem Friedhof von Santa Cruz vorbereitet zu haben. Gregorio da Cunha Saldanha führte später Klage darüber, daß er und andere Häftlinge „... gezwungen gewesen (seien), eine Erklärung abzulegen, die mit den Wünschen der Vernehmungsbeamten, nicht aber mit den Fakten in Einklang stand". Fernando Araujo und João Freitas da Camara wurden ebenfalls der Subversion schuldig gesprochen, weil sie die Protestveranstaltung in Jakarta organisiert hatten. Sie erhielten neun- beziehungsweise zehnjährige Freiheitsstrafen. Bei der Urteilsverkündung führte der zuständige Richter aus, daß Fernando Araujo sich schuldig gemacht habe, „die indonesische Regierung zu unterminieren und die Nation in der internationalen Gemeinschaft zu diskreditieren", weil er Informationen über Menschenrechtsverletzungen an das Internationale Komitee vom Roten Kreuz und amnesty international weitergeleitet habe.

Ein krasses Beispiel für einen politischen Schauprozeß in Osttimor war das Verfahren gegen Xanana Gusmão, den Anführer der osttimoresischen Widerstandsbewegung. Er wurde am 21. Mai 1993 der Rebellion und des illegalen Waffenbesitzes schuldig gesprochen und zu lebenslanger Haft verurteilt. Wohl wissend um die Kritik des Auslands an der katastrophalen Menschenrechtssituation in Osttimor, griff die indonesische Regierung zu ungewöhnlichen Maßnahmen, um dem Prozeß gegen Xanana Gusmão den Charakter eines fairen und öffentlichen Verfahrens zu verleihen. So erhielten ausgewählte ausländische Journalisten, Diplomaten und Vertreter einiger internationaler Menschenrechtsorganisationen die Genehmigung, den Verhandlungen beizuwohnen. In einem weiteren Versuch, die ausländische Öffentlichkeit zu besänftigen, wandelte Staatspräsident Suharto im August 1993 die lebenslange Haftstrafe gegen Xanana Gusmão in 20 Jahre Freiheitsentzug um. Daß der Widerstandskämpfer wohl kaum einen fairen Prozeß erhalten würde, hatte sich jedoch schon lange vor Verfahrensbeginn in aller Deutlichkeit abgezeichnet.

Xanana Gusmão wurde am 20. November 1992 gefangengenommen und durfte erst nach 17 Tagen geheimen Militärgewahrsams erstmals Besuch von Vertretern des Internationalen Komitees vom Roten Kreuz erhalten. Während der Vernehmungen wurde ihm die Kontaktaufnahme zu einem Rechtsanwalt verwehrt. Auch durfte er seinen Verteidiger nicht frei wählen, obgleich ihm dies gesetzlich zustand. Nicht einmal Anwälte des indonesischen Rechtshilfeinstituts LBH, die von der Familie des Gefangenen eine Vertretungsvollmacht erhalten hatten, wurden zu ihm vorgelassen. Am 26. Januar 1993 schließlich, sechs Tage vor Prozeßbeginn, wurde Xanana Gusmão ein Pflichtverteidiger beigeordnet.

Während einer Demonstration am 19. November 1991 in Jakarta, die aus Protest gegen das eine Woche zuvor auf dem Friedhof von Santa Cruz verübte Massaker organisiert worden war, stoßen die Ordnungskräfte einen osttimoresischen Studenten gewaltsam in ein Polizeifahrzeug.

© EPA Photo

Der osttimoresische Widerstandskämpfer Xanana Gusmão auf dem Weg in den Gerichtssaal. ©Reuters

Das Verfahren selbst war von Verstößen sowohl gegen internationale Mindestgrundsätze für einen fairen Prozeß als auch gegen innerstaatliche Rechtsvorschriften gekennzeichnet. Die Zeugen der Staatsanwaltschaft etwa, unter ihnen zahlreiche politische Gefangene, sahen sich von seiten der Militärbehörden unter Druck gesetzt. Weder Xanana Gusmão selbst noch viele der einvernommenen Zeugen waren der indonesischen Sprache, in der die Verhandlung geführt wurde, umfassend mächtig. Auf die Übersetzungen aber konnten sie sich nicht verlassen, da diese unvollständig und ungenau waren. Als besonders kritikwürdig ist ferner anzusehen, daß der Richter die Verteidigungsrede von Xanana Gusmão, die er auf 29 Seiten schriftlich vorbereitet hatte, bereits nach zwei Seiten mit der Begründung abbrach, sie sei „ohne Relevanz".

Über den Kreis der verurteilten Gefangenen hinaus sind in Osttimor seit Ende 1991 mindestens 400 Menschen ohne Anklage oder Gerichtsverfahren in Haft genommen worden. Einige kamen bereits wenige Tage nach ihrer Festnahme wieder frei, andere mußten monatelang in behördlichem Gewahrsam zubringen. Vielfach verweigerte man ihnen den Kontakt zu ihren Familien, zu Rechtsanwälten oder zu Vertretern des Internationalen Komitees vom Roten Kreuz. Einige sahen sich in der Haft Folterungen und Mißhandlungen ausgesetzt. Nach der Protestveranstaltung vom November 1991 in Jakarta beispielsweise wurden rund 70 Osttimoresen festgenommen und 46 von ihnen zwei Monate lang ohne Anklageerhebung im Gewahrsam gehalten. Ihre Freilassung mußten sie sich dadurch erkaufen, daß sie in eidesstattlichen Versicherungen ihre politischen Überzeugungen widerriefen und sich mit rechtlichen Sanktionen für den Fall, daß sie erneut „Straftaten" begehen, einverstanden erklärten. Im Februar 1992, kurz vor der Ankunft des Sonderabgesandten der Vereinten Nationen, Amos Wako, in Indonesien, nahmen die Sicherheitskräfte zahlreiche osttimoresische Jugendliche in Haft und schickten sie für die gesamte Dauer des Besuchs von Amos Wako zu sogenannten

Unterweisungslehrgängen. Die Gefangennahme von Xanana Gusmão löste eine erneute Verhaftungswelle aus, der mehr als 70 Menschen zum Opfer fielen, darunter auch Familienangehörige des *Fretilin*-Führers. Die meisten wurden von der Außenwelt abgeschnitten in Gewahrsam gehalten und einige während dieser Zeit gefoltert. Weitere Verhaftungen fanden im Vorfeld des Besuchs einer Delegation des Auswärtigen Ausschusses des US-amerikanischen Repräsentantenhauses in Osttimor im September 1993 statt. Die Praxis der willkürlichen Kurzzeitinhaftierung verdächtiger Personen ist bis heute in Osttimor ungebrochen.

ACEH

Seit 1991 sind in Aceh mindestens 50 Menschen wegen angeblicher Verbindungen zur Organisation *Aceh Merdeka* auf der Grundlage des Anti-Subversionsgesetzes zu Gefängnisstrafen zwischen drei Jahren und lebenslangem Freiheitsentzug verurteilt worden. Keiner von ihnen hat einen fairen Prozeß erhalten. Bei mindestens 24 der Verurteilten handelt es sich zudem allem Anschein nach um gewaltlose politische Gefangene. Tausende andere seit 1989 festgenommene Personen sind nicht einmal vor Gericht gestellt, sondern willkürlich in Haft gehalten worden. Von vielen muß befürchtet werden, daß sie dem „Verschwindenlassen" zum Opfer gefallen sind.

Die Prozesse gegen angebliche Führungsmitglieder von *Aceh Merdeka*, unter ihnen Universitätsdozenten, Beamte und Lehrer, begannen im März 1991. Selbst der zuständige Staatsanwalt räumte ein, daß die Angeklagten „nicht bewaffnet" gewesen seien, legte ihnen aber zur Last „ ... als führende Köpfe die terroristischen Aktionen (von *Aceh Merdeka*) geplant zu haben". Dem Gericht konnte er jedoch keine oder nur wenig überzeugende Beweise dafür präsentieren, daß Mitglieder aus dieser Gruppe der Angeklagten Gewalt befürwortet oder Gewalttaten geplant hätten. Es hatte im Gegenteil den Anschein, als seien einige der Angeschuldigten ausdrücklich für einen Gewaltverzicht eingetreten.

Die Prozesse fanden zum Teil in der Absicht statt, ausländischer Kritik an den von den Sicherheitskräften in Aceh verübten Menschenrechtsverletzungen zu begegnen und der Weltöffentlichkeit zu demonstrieren, daß sich die Regierung den Grundsätzen der Rechtsstaatlichkeit verpflichtet fühlt. Tatsächlich jedoch hat in praktisch jeder Phase des Verfahrens die Behandlung der Angeklagten sowohl internationalen als auch innerstaatlichen Mindestgarantien für einen fairen Prozeß widersprochen. So wurden die meisten monatelang ohne Kontakt zur Außenwelt in Gewahrsam gehalten, bevor man endlich Anklageschriften gegen sie verfaßte. Besuche von ihren Angehörigen waren - allenfalls abgesehen von einigen wenigen Ausnahmen - bis zum Prozeßbeginn untersagt. Vielfach machten sich die Behörden nicht einmal die Mühe, die Familien der Gefangenen über die Festnahmegründe und den Haftort in Kenntnis zu setzen.

Schwere Unregelmäßigkeiten sind ferner in der Phase der vorgerichtlichen Ermittlungsverfahren deutlich zutage getreten. So wurden die Geständnisse eines Großteils der Angeklagten und die Aussagen einiger Zeugen der Staatsanwaltschaft unter Zwangsmaßnahmen, in manchen Fällen sogar unter Folterungen erpreßt. Im Juni 1991 beispielsweise erhielt amnesty international den Brief eines Mannes, der sich seit Ende 1990 unter dem Verdacht der Zugehörigkeit zur Organisation *Aceh Merdeka* in Haft befand. In ihm beschrieb er seine Festnahme durch das Militär, seine Behandlung im Gewahrsam und sein Gerichtsverfahren: „Die schwersten Folterungen erlitt ich in den ersten 15 Tagen (nach meiner Festnahme) während der Verhöre durch den Militärischen Nachrichtendienst: Schläge, Verbrennungen mit Zigaretten, Peitschenhiebe, Elektroschocks und das Einträufeln von Wasser in die Nase. Ich wurde gezwungen, Urin zu trinken, und mit Schmähungen überschüttet ... Damit sie ein Motiv hatten, mich einzusperren, sollte ich Dinge gestehen, die ich nicht begangen und auch nicht gesehen, von denen ich nicht einmal gewußt habe."

Der Verfasser des Briefes wurde 1991 wegen Subversion zu einer langjährigen Gefängnisstrafe verurteilt, das Strafmaß später in der Berufung vor dem Oberen Gericht von Aceh sogar noch heraufgesetzt. Er bat in seinem Schreiben darum, seinen Namen nicht zu nennen, „... weil es mir sonst am Ende noch schlimmer ergeht".

Der Anwendung der Folter an Häftlingen aus Aceh, um Geständnisse zu erpressen, wurde dadurch Vorschub geleistet, daß man ihnen andere grundlegende Rechte vorenthielt. So durfte keiner der Anklagten zu den Verhören einen Rechtsanwalt hinzuziehen, noch erhielten sie vor Prozeßbeginn Gelegenheit, sich mit ihren Verteidigern zu beraten. Bemühungen des LBH, zugunsten einiger der Angeklagten tätig zu werden, legten die Militär- und Justizbehörden Hindernisse in den Weg. Sowohl das Militär als auch die Staatsanwaltschaft drohten darüber hinaus einigen Häftlingen an, sie wieder in den militärischen Gewahrsam zu überstellen, falls sie den Beistand eines Rechtsanwalts in Anspruch nehmen sollten. Aus Furcht vor weiteren Folterungen fügten sich die meisten Gefangenen.

Die in den Ermittlungsverfahren aufgetretenen Unregelmäßigkeiten setzten sich in den Gerichtsverhandlungen fort. So ignorierten die Justizbehörden die Aussagen von Zeugen und Angeklagten, daß ihre Angaben beziehungsweise Geständnisse unter Folterungen zustandegekommen seien. Einige der Angeklagten sahen von vornherein davon ab, Vorwürfe über erlittene Folterungen zu Protokoll zu geben, weil sie Zweifel hegten, daß die Gerichte sie vor weiteren Übergriffen würden schützen können. In einem Brief an einen Freund erklärte einer der 1991 Verurteilten, warum er sich damals entschloß zu schweigen: „Ein Freund von mir ... starb am 13. Dezember

1990 an den Folgen der Folter. Er erbrach Blut, als er im Sterben lag. Mehrere andere wiesen am ganzen Körper Lähmungserscheinungen auf. Zehn oder elf wurden während der Nacht hinausgebracht und außerhalb des Gefängnisses getötet. Ihre Leichen hat man niemals gefunden ... Die damals gegen uns ausgesprochenen Drohungen haben mich klein beigeben lassen. Heute bedauere ich dies zutiefst."

Da die Angeklagten ihre Verteidiger nicht frei wählen durften, wurden den meisten vom Gericht Rechtsanwälte beigeordnet. Diese verfügten jedoch über keine oder nur minimale Erfahrungen in der Führung politischer Prozesse. Davon abgesehen waren sie mit dem nahezu unlösbaren Problem konfrontiert, eine effektive Verteidigung vorzubereiten. Die meisten wurden erst wenige Tage vor Prozeßbeginn in ihr Amt berufen und erhielten bis zum ersten Verhandlungstag keine Gelegenheit, sich mit ihren Mandanten zu beraten. Entscheidende Gerichtsakten wurden ihnen vorenthalten, so auch die Vernehmungsprotokolle, die die Grundlage für die Anklageerhebung bildeten.

Darüber hinaus sahen sich die Rechtsanwälte massivem politischem Druck von seiten der Militärbehörden ausgesetzt. Vor jedem Verfahren wurden sie vom Militärischen Nachrichtendienst zu einer Informationssitzung geladen und gewarnt, keine allzu engagierte Verteidigung zu betreiben. Die meisten fügten sich dieser Aufforderung, weil alles andere ihnen als Sympathie für die Ziele von *Aceh Merdeka* hätte ausgelegt werden können oder weil ihre Mandanten sie aus Sorge um etwaige persönliche Nachteile darum gebeten hatten. Folglich versuchten nur sehr wenige Anwälte, die Anklagen gegen ihre Mandanten zu widerlegen. Noch weniger versuchten, verfahrensrechtliche Unregelmäßigkeiten bei der Festnahme, während der Haft oder im Laufe des Ermittlungsverfahrens geltend zu machen. Zeugen der Staatsanwaltschaft wurden nur einem oberflächlichen Kreuzverhör unterzogen und, von wenigen Ausnahmen abgesehen, keine Zeugen der Verteidigung aufgeboten.

Über den Kreis der nach unfairen Prozessen verurteilten Gefangenen hinaus wurden zwischen 1989 und 1994 in Aceh und Nord-Sumatra mindestens 1.000 Personen für Zeiträume von wenigen Tagen bis hin zu mehr als einem Jahr ohne Kontakt zur Außenwelt in unbestätigter Haft gehalten. Zahlreiche politische Gefangene, möglicherweise sogar einige hundert, sind im Gewahrsam der Behörden „verschwunden". Von vielen muß befürchtet werden, daß man sie getötet hat.

Den willkürlichen Inhaftierungen und dem „Verschwindenlassen" von Menschen in Aceh lag ein ganz bestimmtes Muster zugrunde. Verdächtige Personen wurden von den Militärbehörden ohne Haftbefehl festgenommen und ihre Angehörigen weder über die Tatsache der Festnahme noch über den Haftort in Kenntnis gesetzt. Wer Nachforschungen nach dem Verbleib inhaftierter Bürger anstellte, erhielt routinemäßig die Auskunft, die betreffende Person befände sich nicht länger im Gewahrsam oder sei in ein anderes Militärlager oder Haftzentrum verlegt worden. Die Behörden haben zu keiner Zeit ein für die Öffentlichkeit zugängliches Haftregister geführt und den Familien festgenommener Personen in ihren Bemühungen, den Aufenthaltsort ihrer Verwandten ausfindig zu machen, so gut wie keine Unterstützung zukommen lassen. Bisweilen sind die Angehörigen von Häftlingen ihrerseits Verhören unterzogen oder bedroht worden. Richteten örtliche oder internationale Menschenrechtsorganisationen im Namen der betroffenen Familien Anfragen nach dem Verbleib Gefangener an die indonesischen Behörden, erfolgte darauf in der Regel keine Reaktion.

Einige der „Verschwundenen" sind später in der Haft wieder aufgetaucht. Dazu zählten rund 1.000 politische Gefangene, die die Behörden ohne Anklage oder Gerichtsverfahren in Gewahrsam gehalten hatten und die zwischen September 1990 und März 1994 bedingt freigelassen worden sind. Ihre Haftentlassung wurde von offizieller Seite damit begründet, daß sie nur oberflächliche Kontakte zu *Aceh Merdeka* zu unterhalten hätten und daher eine Chance erhalten sollten, sich politisch zu rehabilitieren. Die Freilassungen waren von offiziellen Zeremonien begleitet, um den guten Willen des Militärs zu demonstrieren und unter Beweis zu stellen, daß man sich den Prinzipien der Rechtsstaatlichkeit verpflichtet fühlt. Bei einer dieser Entlassungszeremonien im Juni 1991 äußerte sich der Militärkommandeur der Region gegenüber den politischen Gefangenen laut Nachrichtenagentur *Reuters* vom 22. Juni mit den Worten: „Vergeßt nicht, daß Ihr für schuldig befunden worden seid. Aber Eure Schuld ist gering, deshalb geben wir Euch eine Chance, Euch zu bessern."

Der Versuch, die Freilassungen als Ausdruck des Bekenntnisses zum Rechtsstaatsprinzip auszugeben, kann nur verwundern, werfen sie doch im Gegenteil ein deutliches Licht auf den willkürlichen Charakter der ursprünglichen Festnahmen. So waren keinem der freigelassenen Häftlinge die im indonesischen Strafgesetzbuch verankerten Schutzgarantien zuerkannt worden. Keiner war angeklagt oder vor Gericht gebracht worden. Man hielt sie einfach für schuldig und behandelte sie entsprechend.

IRIAN JAYA

Seit 1989 sind in Irian Jaya mehr als 140 Befürworter der Unabhängigkeit wegen Subversion zu Freiheitsstrafen verurteilt worden. Bei Drucklegung des vorliegenden Berichts Mitte 1994 befanden sich noch mindestens 50 von ihnen in Haft. Überwiegend handelt es sich um gewaltlose politische Gefangene, die bis zu 20jährige Freiheitsstrafen verbüßen. Viele werden in Hafteinrichtungen in Ost-Java, knapp 2.500 Kilometer von ihrer Heimat entfernt, in Gewahrsam gehalten, was es ihren Familien erschwert, sie zu besuchen.

Zu den 1989 zu Freiheitsstrafen verurteilten Gefangenen zählen Dr. Thomas Wainggai und seine Ehefrau Teruko, eine japanische Staatsbürgerin. Beide wurden im September 1989 wegen Subversion zu lebenslanger Haft beziehungsweise acht Jahren Gefängnis verurteilt. Dr. Wainggai galt als Sprecher einer Gruppe von 37 Personen, die im Dezember 1988 an einer friedlichen Veranstaltung teilgenommen hatten, auf der der unabhängige Staat „West-Melanesien" proklamiert und aus diesem Anlaß eine Flagge gehißt worden war. Keiner aus der Gruppe hat Gewalt angewandt oder befürwortet, eine Tatsache, die auch der Militärkommandant von Irian Jaya, einen Monat, bevor das Urteil gegen Dr. Wainggai verkündet wurde, anerkannt hat. Nach seiner Einschätzung handelte es sich bei dem Personenkreis „wirklich um nichts weiter als eine diplomatische Gruppe ... Es ist keine bewaffnete Bewegung ... Er (Dr. Wainggai) hat ein paar Leute um sich gesammelt, die Funktionen in einem neuen Staat übernehmen sollen, aber er hat noch keinerlei Gesetze gemacht".

Teruko Wainggai und zwei anderen Frauen - beide erhielten je vierjährige Freiheitsstrafen - legte die Staatsanwaltschaft zur Last, die bei der Zeremonie verwandte Flagge genäht zu haben. Zwei weitere Frauen, die auf der Veranstaltung die Eröffnungs- und Abschlußgebete geleitet hatten, wurden zu vier beziehungsweise fünf Jahren Haft verurteilt. Ein anderer Teilnehmer der Flaggenhissung wurde, weil er das Singen des Liedes „Mein Land Melanesien" dirigiert hatte, mit sechs Jahren Freiheitsentzug bestraft. 14 andere Mitglieder der Gruppe sprach das Gericht schuldig, bei der Flaggenhissung behilflich gewesen zu sein, und verurteilte sie zu Gefängnisstrafen zwischen vier und acht Jahren. Insgesamt wurden 1989 und 1990 in Irian Jaya noch mehr als 40 weitere angebliche Befürworter der Unabhängigkeit verhaftet, vor Gericht gebracht und wegen Subversion zu bis zu 17 Jahren Haft verurteilt. In der Mehrzahl handelte es sich um Personen, denen die Anklagevertretung vorgeworfen hatte, zum Gedenken an die Unabhängigkeitsproklamation vom Dezember 1988 ähnliche Veranstaltungen geplant zu haben.

Die bei dem Prozeß gegen Dr. Wainggai bekanntgewordenen Informationen lassen vermuten, daß die im übrigen Indonesien und in Osttimor zutage getretenen Unregelmäßigkeiten bei Verfahren mit politischem Hintergrund in Irian Jaya in gleicher Weise Anlaß zu Beanstandungen bieten. So wurde Dr. Wainggai - wie im übrigen die meisten anderen politischer Delikte Angeklagten auch - von vornherein für schuldig erachtet. Im August 1989, noch bevor das zuständige Bezirksgericht zu einem abschließenden Urteil gelangt war, gab beispielsweise der Militärkommandeur der Region eine öffentliche Stellungnahme ab, in der er keinen Zweifel an der Schuld von Dr. Wainggai aufkommen ließ: „Er war frustriert, und führte diese Aktionen wie etwa die Proklamation eines neuen Staates durch. Das ist Subversion und muß entschlossen bekämpft werden, so wie es das Gesetz vorsieht."

Im Prozeß gegen Dr. Wainggai konnten es die Anwälte des LBH nicht erwirken, daß sämtliche Entlastungszeugen geladen wurden. Aufgrund des vom Gericht festgelegten Zeitplans war es ihnen darüber hinaus nicht möglich, die von der Staatsanwaltschaft präsentierten Zeugen einem ausführlichen Kreuzverhör zu unterziehen. Da die Verfahren, so auch das gegen Teruko Wainggai, im allgemeinen in der indonesischen Sprache geführt wurden, fiel es Angeklagten mit einer anderen Muttersprache zum Teil schwer, den Verhandlungen zu folgen.

Die Verteidiger in den Prozessen gegen die Gruppe um Dr. Wainggai sahen sich ihrerseits Drohungen und Einschüchterungsversuchen ausgesetzt. An einem der Verhandlungstage beispielsweise konfiszierte ein militärischer Geheimdienstoffizier den Kassettenrecorder, mit dessen Hilfe die Anwälte den Verhandlungsverlauf aufgezeichnet hatten. Die Anwälte erhoben zwar Einspruch mit der Begründung, daß das Gericht den Gebrauch von Aufzeichnungsgeräten nicht untersagt habe, der Vorsitzende Richter jedoch verteidigte die Maßnahme mit folgendem Argument: „... Wenn es um Fragen der Sicherheit geht, müssen die Sicherheitskräfte über umfassende Vollmachten verfügen." Er warnte die Verteidiger zudem vor jeglichen weiteren „üblen Tricks". Auf einen von den Anwälten offiziell eingelegten Protest reagierte der Richter, indem er ihnen androhte, sie wegen Mißachtung des Gerichts zu belangen. Außerdem zog er die Legalität der örtlichen Zweigstelle des LBH in Zweifel.

MOSLEMISCHE AKTIVISTEN

In den zurückliegenden 15 Jahren sind in Indonesien Hunderte Moslems zu Gefängnisstrafen verurteilt worden. Einige wurden von den Gerichten der Anwendung von Gewalt überführt, zahlreiche andere dagegen allein aufgrund ihrer Überzeugungen und gewaltfreien Aktivitäten hinter Gitter gebracht. In der Mehrzahl hatte man ihnen zur Last gelegt, Kritik an der Regierung geübt, die Staatsideologie *Pancasila* unterminiert oder den Versuch unternommen zu haben, einen islamischen Staat zu errichten. Mitte 1994 verbüßten schätzungsweise 400 moslemische Gefangene die gegen sie verhängten Freiheitsstrafen, unter ihnen 40 gewaltlose politische Gefangene.

Das Schicksal des Abdul Fatah Wiranagapati ist exemplarisch für die Situation vieler anderer von Strafverfolgung betroffener Moslems. Der 69jährige wurde im Juni 1992 für schuldig befunden, die Staatsideologie *Pancasila* untergraben und den Versuch unternommen zu haben, einen islamischen Staat zu errichten. Die Strafe lautete auf acht Jahre Freiheitsentzug, obwohl das Gericht es als erwiesen ansah, daß Abdul Fatah Wiranagapati keine Gewalt angewandt hatte. Es machte ihm vielmehr zum Vorwurf, seine Vorstellungen und Überzeugungen in öffentlichen Veranstaltungen und Predigten zum islamischen Recht verbreitet zu haben. So führte der Richter in seinem Urteilsspruch aus, daß der 69jährige „seine Predigten in den Moscheen dazu benutzt hat, regierungsfeindliche Propaganda zu betreiben".

Die Prozesse gegen moslemische Aktivisten sind dem Kriterium der Fairneß durchgängig nicht gerecht geworden. In ihren Fällen wurde nicht eine Unschuldsvermutung bis zum Beweis des Gegenteils zugrundegelegt, sondern ihre Schuld von Beginn an als gegeben erachtet. Den Gerichten vorgelegte Entlastungsbeweise haben, von einigen wenigen Ausnahmen abgesehen, keine Würdigung gefunden. So ist nach Kenntnis von amnesty international in den zurückliegenden 15 Jahren von Hunderten der Subversion angeklagten Moslems nur ein einziger freigesprochen worden.

Es liegen starke Indizien dafür vor, daß die indonesische Regierung über den Militärischen Geheimdienst des Landes einige islamische Gruppierungen zu gewalttätigen Anschlägen ermutigt hat. Dies scheint in der Absicht erfolgt zu sein, einen Vorwand zu schaffen, um rigoros gegen moslemische Aktivisten vorgehen und auch legale moslemische Organisationen wie etwa die islamische Partei PPP diffamieren zu können. Seit Ende der 70er Jahre sind Hunderte Menschen wegen angeblicher Nähe zu militanten moslemischen Gruppierungen zu Freiheitsstrafen verurteilt worden, unter ihnen Prediger, Verfasser von Flugschriften, Moscheebedienstete und islamische Gelehrte.

1985 setzte eine erste Prozeßwelle gegen moslemische Gläubige ein, nachdem ein Jahr zuvor in Tanjung Priok in Jakarta Soldaten ein Massaker an den Teilnehmern einer Protestveranstaltung verübt hatten. Die damals von den Demonstranten ausgehende Gewalt ist nach den bisherigen Erkenntnissen wahrscheinlich vom Militär geschürt worden und diente den Behörden als Argument für Massenverhaftungen und rigorose Strafverfolgungsmaßnahmen. Von den insgesamt 200 im Zusammenhang mit den Protesten festgenommenen Personen mußte sich rund die Hälfte vor Gericht verantworten. Einigen legte man Gewaltakte zur Last, viele andere jedoch erhielten Haftstrafen, nur weil sie gewaltfrei ihren Überzeugungen Ausdruck verliehen hatten. Mehrere führende Oppositionelle, darunter drei Unterzeichner der „Petition der Fünfzig" (siehe Seite 45), wurden später ebenfalls zu Freiheitsentzug verurteilt, weil sie das Vorgehen der Regierung im Zusammenhang mit dem Vorfall von Tanjung Priok kritisiert und unabhängige Ermittlungen gefordert hatten.

Die zweite größere Protestlawine gegen Moslems setzte 1986 ein und fand erst 1989 ein Ende. Bei den Angeklagten handelte es sich um Mitglieder kleiner islamischer Gemeinschaften aus Zentral-Java, die unter dem Namen *Usroh*-Gruppen bekanntgeworden sind. Sie hatten es sich zum Ziel gesetzt, für eine größere Verbreitung der islamischen Lehre und Werte einzutreten. Insgesamt wurden mindestens 40 *Usroh*-Mitglieder der Subversion schuldig gesprochen, weil sie angeblich den Versuch unternommen haben sollen, einen islamischen Staat zu errichten und die Staatsideologie *Pancasila* zu untergraben. In den Prozessen allerdings war es der Anklagevertretung nicht oder zumindest nicht überzeugend gelungen, derartige Vorwürfe beweiskräftig zu untermauern.

Als Regierungstruppen Anfang 1989 einen nach ihrem Anführer Warsidi benannte von den Behörden als militant islamisch eingeschätzte Sekte in Lampung mit Gewalt aufzureiben versuchten, verlagerte sich die staatliche Repression. Hauptzielscheibe waren nicht weiterhin in erster Linie die *Usroh*-Gruppen, sondern die Warsidi-Anhänger. Nach dem Anschlag auf die Sektenmitglieder, der wahrscheinlich bis zu 100 Menschenleben gefordert hat, setzte eine Verfolgungswelle gegen moslemische Gläubige ein, die im Verdacht standen, Verbindungen zur „Warsidi-Gang" zu unterhalten. In den Folgemonaten wurden in Lampung, Nusa Tenggara Barat, West-Java und Jakarta unzählige moslemische Aktivisten verhaftet. Die meisten mußten sich in den Jahren 1989 und 1990 wegen Subversion vor Gericht verantworten. Die Prozesse endeten ausnahmslos mit Schuldsprüchen und der Verhängung von bis zu lebenslangen Freiheitsstrafen.

INHAFTIERTE MITGLIEDER DER KOMMUNISTISCHEN PARTEI

Von den insgesamt mehr als 500.000 Personen, die nach dem Putsch von 1965 festgenommen worden waren, wurde nur ein Bruchteil - kaum mehr als 1.000 - vor Gericht gestellt. Für sie endeten die Prozesse mit der Verhängung langjähriger Gefängnisstrafen. Selbst Todesurteile wurden gesprochen.

Mitte 1994, mehr als ein Vierteljahrhundert nach ihrer Festnahme, befanden sich noch mindestens 25 Gefangene aus dieser Gruppe in Haft. In der Mehrzahl handelte es sich allem Anschein nach um gewaltlose politische Gefangene. Hunderttausende andere nach dem vermeintlichen Putsch in Gewahrsam genommene Personen sind dagegen niemals angeklagt oder vor Gericht gebracht, sondern willkürlich in Haft gehalten worden, einige nur wenige Wochen lang, andere unfaßbare 14 Jahre. Zahlreiche ehemalige PKI-Gefangene stehen darüber hinaus bis heute unter Hausarrest und unterliegen einschneidenden Einschränkungen in ihrer Bewegungsfreiheit und der Wahrnehmung ihrer bürgerlichen und politischen Rechte.

Infolge ihres fortgeschrittenen Alters sind mehrere PKI-Gefangene in der Haft gestorben, andere schwer erkrankt. Bei dem 68 Jahre alten Pudjo Prasetio beispielsweise diagnostizierten die Ärzte 1993 ein Parkinsonsches Leiden. Der ehemalige Werftarbeiter und aktive Gewerkschafter hatte sich Mitte der 50er Jahre der Kommunistischen Partei angeschlossen und war 1967 in Zentral-Java verhaftet worden. Zwölf Jahre lang wartete er auf seinen Prozeß. Als er schließlich stattfand, wurde Pudjo Prasetio wegen Subversion zu lebenslangem Freiheitsentzug verurteilt. Erst mit der Einführung neuer Straferlaßvorschriften schöpfte er wieder Hoffnung auf vorzeitige Haftentlassung und richtete ein Gnadengesuch an den Präsidenten. Doch mußte er im März 1991 erfahren, daß sein Gesuch abgelehnt worden war. In einem Brief an einen Freund zeigte er sich dementsprechend resigniert: „Meinem Gnadengesuch hat der Präsident übrigens nicht zugestimmt. Eine andere Möglichkeit, freigelassen zu werden, habe ich somit nicht mehr. Falls sich politisch nichts ändert, werde ich wohl mein Leben lang hinter Gittern verbringen.“ Mitte 1994 befand sich Pudjo Prasetio weiterhin in einem Gefängnis auf Bali inhaftiert. Trotz medizinischer Betreuung hatte sich sein Gesundheitszustand verschlechtert.

Auch mehrere im Gefängnis von Cipinang inhaftierte PKI-Häftlinge leiden an schweren körperlichen und seelischen Erkrankungen. Der 75jährige Ruslan Wijayasastra beispielsweise ist nahezu vollständig gelähmt und auf die Hilfe seiner Mitgefangenen angewiesen, wenn er einige Schritte gehen oder auch nur aus dem Bett aufstehen oder Mahlzeiten zu sich nehmen möchte. Vor seiner Verhaftung im Juli 1968 hatte Ruslan dem Zentralkomitee der Kommunistischen Partei Indonesiens angehört und sich in führender Funktion in der PKI-nahen Bauerngewerkschaft engagiert. Sechs Jahre später wurde er zum Tode verurteilt. Im März 1994 richteten Menschenrechtsorganisationen und zusammen mit Ruslan inhaftierte politische Gefangene den eindringlichen Appell an die Nationale Menschenrechtskommission, den 75jährigen und andere Häftlinge aus humanitären Gründen in die Freiheit zu entlassen, doch wurden sie von der Kommission beschieden, daß es allein in der Zuständigkeit des Präsidenten liege, gegenüber zum Tode verurteilten Gefangenen Gnade walten zu lassen.

Die Prozesse gegen Personen, die der Mitgliedschaft in der PKI oder der Teilnahme an dem Putschversuch angeklagt waren, sind dem Kriterium der Fairneß durchgängig nicht gerecht geworden. In dem damaligen Klima eines aggressiven Antikommunismus haben es nur wenige Menschen gewagt, in Verfahren gegen vermeintliche der Subversion beschuldigte PKI-Mitglieder als Entlastungszeugen auszusagen. Rechtsanwälte, die Mandate von PKI-Gefangenen übernommen hatten, mußten sich der Nähe zum Kommunismus bezichtigen lassen, wurden bedroht und schikaniert. Die Staatsanwaltschaft präsentierte als Zeugen vielfach Personen, die ihrerseits inhaftiert waren und deren Aussagen nicht selten unter Folterungen erpreßt worden waren. Auch an der Unparteilichkeit der Richter bestanden ernsthafte Zweifel. Dies galt vor allem für die Vorsitzenden der militärischen Sondergerichte, vor denen sich führende Mitglieder der PKI verantworten mußten und die extrem hohe Freiheitsstrafen und Todesurteile verhängten. Vielen der PKI-Gefangenen wurde das Recht auf Berufung verwehrt, während diejenigen, die es wahrnehmen durften, oft-

„Falls sich politisch nichts ändert, werde ich wohl mein Leben hinter Gittern verbringen", schreibt resigniert der wegen Subversion zu lebenslanger Haft verurteilte Pudjo Prasetio (links) an einen Freund. Sein Gnadengesuch wurde im Mai 1991 von Staatspräsident Suharto abgelehnt. © ai

mals zehn bis 20 Jahre auf eine Entscheidung warten mußten, die am Ende überdies negativ ausfiel.

Obwohl bereits Jahre seit ihrer Freilassung verstrichen sind, gelten für mehr als eine Million Menschen, die einst wegen Mitgliedschaft in der PKI oder Unterstützung der Partei inhaftiert waren, noch heute einschneidende Beschränkungen, die sie an der umfassenden Wahrnehmung ihrer bürgerlichen und politischen Rechte hindern. Wenngleich die weitaus meisten niemals vor Gericht gebracht oder einer Straftat für schuldig befunden worden sind, müssen sie dennoch Ausweispapiere mit sich führen, die mit dem Kürzel „ET" für „Ehemaliger politischer Gefangener" (EX-TAPOL) gekennzeichnet sind. Ein solcher Eintrag bedeutet für die Betroffenen nicht nur eine nachhaltige politische und gesellschaftliche Stigmatisierung, sondern auch eine reale rechtliche Benachteiligung, von der selbst ihre Familienangehörigen nicht ausgenommen sind, ganz gleich, ob sie zum Zeitpunkt des Putsches von 1965 schon geboren waren oder erst später zur Welt gekommen sind.

Ehemalige Gefangene oder PKI-Mitglieder und oftmals auch deren Familien dürfen keine berufliche Tätigkeit ausüben, in der sie meinungsbildend wirken können. Sie sind von Berufen wie die des Journalisten, Lehrers, Bühnenkünstlers, Puppenspielers, Predigers oder Gemeindeführers generell ausgeschlossen. Darüber hinaus unterliegen sie in ihrer Bewegungsfreiheit massiven Einschränkungen, die faktisch einem Haus- oder Stadtarrest gleichkommen. Wollen sie beispielsweise Reisen unternehmen oder auch nur eine neue Wohnung beziehen, benötigen sie dafür eine Sondergenehmigung der Behörden.

Ehemalige PKI-Gefangene sind ferner in ihren politischen Rechten beschnitten. An Wahlen dürfen sie sich nur mit ausdrücklicher Zustimmung der zuständigen Regierungs- und Militärbehörden beteiligen, nachdem man zuvor ihre politischen Anschauungen und Einstellungen überprüft hat. Vor den Parlamentswahlen vom Juli 1992 beispielsweise gab die Regierung bekannt, daß insgesamt 36.345 ehemalige PKI-Gefangene von den Wahlen ausgeschlossen seien. Wer sich um ein Abgeordnetenmandat bewerben möchte, muß ebenfalls seine politischen Positionen überprüfen lassen, bevor seine Kandidatur akzeptiert wird. Stellt sich erst zu einem späteren Zeitpunkt heraus, daß doch gewisse Verbindungen zur PKI bestanden haben, die bei der Durchleuchtung der politischen Vergangenheit des Kandidaten übersehen worden sind, so droht ihm die Amtsenthebung.

STUDENTEN

In den zurückliegenden Jahren sind zahlreiche Studenten wegen ihres gewaltfreien politischen Engagements zu Freiheitsstrafen von wenigen Monaten bis hin zu neun Jahren verurteilt worden. Andere wurden in dem offenkundigen Versuch, sie an ihren Aktivitäten, so legal diese auch gewesen sein mögen, zu hindern und Informationen über ihre Organisationen zu erlangen, ohne Anklageerhebung vorübergehend in Gewahrsam genommen.

Mehrere Studenten und andere junge Indonesier mußten nur deshalb langjährige Haftstrafen antreten, weil sie verbotene Literatur besessen hatten. Bambang Subono beispielsweise wurde am 9. Juni 1988 festgenommen, als er versuchte, Exemplare des Romans *Ruma Kaca* (Glashaus) und andere Werke des renommierten indonesischen Autors Pramoedya Ananta Toer zu verkaufen. Ebenfalls im Juni 1988 nahmen die Behörden unter ähnlichen Anschuldigungen auch Bambang Isti Nugroho, Student der Gajah-Mada-Universität in Yogyakarta, in Haft. Beide wurden später der Subversion für schuldig befunden und zu sieben beziehungsweise acht Jahren Freiheitsentzug verurteilt. Ein weiterer Student namens Bonar Tigor Naipospos wurde im Juni 1989 in Jakarta verhaftet und gleichfalls wegen Subversion zu einer achteinhalbjährigen Gefängnisstrafe verurteilt. Das Gericht hatte ihn für schuldig befunden, Literatur mit angeblich kommunistischem Gedankengut besessen und weitergegeben sowie in Diskussionen und in vom ihm verfaßten Schriften marxistische Lehren verbreitet zu haben. Erst im Mai 1994 kam Bonar Tigor Naipospos unter Auflagen aus der Haft frei.

Andere Studenten sind zu Gefängnisstrafen verurteilt worden, weil sie sich gewaltfrei politisch betätigt und die Wahrung der Menschenrechte eingefordert haben. Dies gilt unter anderem für Nuku Soleiman, der am 25. November 1993 während einer friedlichen Protestkundgebung vor dem Parlamentsgebäude in der indonesischen Hauptstadt Jakarta verhaftet wurde. Die Behörden beschuldigten ihn, Aufkleber verteilt zu haben, auf denen dem von der staatlichen Lotteriegesellschaft verwendeten Kürzel SDSB eine andere Bedeutung verliehen

Demonstranten vor dem Gerichtsgebäude, in dessen Inneren gegen den Studenten Bambang Isti Nugroho wegen des Besitzes verbotener Literatur unter der Anklage der Subversion verhandelt wird. © ai

Der renommierte indonesische Schriftsteller Praemodya Ananta Toer war nach dem Putsch von 1965 14 Jahre lang inhaftiert gewesen. Noch heute ist er in seiner Bewegungsfreiheit eingeschränkt. Seine Bücher haben die Behörden ohne Ausnahme verboten. c. Reuters

worden war. Die Aufkleber trugen die Aufschrift *Suharto Dalang Segala Bencana* (Suharto ist der Verursacher aller Katastrophen) und enthielten eine Auflistung zahlreicher schwerer Menschenrechtsverletzungen, die die indonesischen Sicherheitskräfte seit 1965 begangen haben.

Nuku Soleiman wurde am 24. Februar 1994 nach einem einmonatigen Schauprozeß vom Bezirksgericht in Zentral-Java wegen „Beleidigung des Präsidenten" zu vier Jahren Haft verurteilt. Das Obere Gericht als Berufungsinstanz setzte das Strafmaß im Mai 1994 noch um ein weiteres Jahr herauf.

Während des erstinstanzlichen Verfahrens gab Nuku Soleiman in seinem Verteidigungsplädoyer folgende Beschreibung der Prozeßatmosphäre: „Schauen Sie sich um! Vom ersten Verhandlungstag an haben offenbar Armee und Polizei das alleinige Sagen ... Sie haben vor diesem Gebäude Reihen von Lastwagen voller bewaffneter Soldaten vorgefahren. Meine Freunde, Familienangehörigen und die Öffentlichkeit, die meinem Prozeß beiwohnen möchten, werden von ihnen am Eingang zurückgehalten. Hier im Gerichtssaal wird eine Vielzahl der Besuchersitze von Zivilbeamten eingenommen. Bei Prozeßeröffnung schickten sie ein Aufgebot von Polizisten, bewaffnet mit Knüppeln und Rohrstöcken, in den Saal, obwohl keinerlei Anzeichen für drohende Tumulte vorhanden waren ... Ich empfinde dies als Terror, als Einschüchterung. Sieht es das Richterkollegium nicht ähnlich? ... Muß sich eine solche Atmosphäre nicht zwangsläufig auf das Urteil des Gerichts auswirken?"

Kurz nach der Verurteilung von Nuku Soleiman verlautete aus dem Amt der Bezirksstaatsanwaltschaft von Jakarta, daß 21 weitere Studenten unter ähnlichen Anklagen vor Gericht gebracht werden würden. Die 21 waren am 14. Dezember 1993 in Jakarta während einer friedlichen Demonstration verhaftet worden, auf der die Teilnehmer das Parlament aufgefordert hatten, in einer Sondersitzung die Frage der Verantwortung des Staatspräsidenten für die Menschenrechtsverletzungen der

Vergangenheit zu behandeln. Im Mai 1994 wurden die Studenten wegen „Beleidigung des Präsidenten“ zu je sechs Monaten Freiheitsentzug verurteilt.

KLEINBAUERN UND MENSCHENRECHTLER

Die Repression richtet sich ferner gegen Mitglieder bäuerlicher Dorfgemeinschaften, die sich gegen Besitzansprüche privater oder staatlicher Unternehmen auf ihre Ländereien zur Wehr setzen, und Personen, welche sich für die Rechte der Bauern engagieren. Für sie zählen Menschenrechtsverletzungen wie Einschüchterungen, Todesdrohungen, Mordanschläge und

Der Menschenrechtsaktivist Nuku Soleiman wurde wegen Beleidigung des Präsidenten zu fünf Jahren Freiheitsstrafe verurteilt. Sein „Vergehen“: Er hatte Staatspräsident Suharto aufgerufen, sich seiner Verantwortung für die Menschenrechtsverletzungen der Vergangenheit zu stellen.

© Yayasan Pijar

Strafverfolgungsmaßnahmen zur bitteren Realität. Bei einigen der im Zusammenhang mit Landkonflikten festgenommenen Personen handelt es sich um gewaltlose politische Gefangene.

Nach einer friedlichen Demonstration vor dem Amtssitz eines Kabinettsmitglieds am 24. September 1993 in Jakarta nahmen die Militärbehörden rund 300 Kleinbauern aus den in West-Java gelegenen Ortschaften Cijayanti und Rancamaya sowie mehrere Menschenrechtsaktivisten in Gewahrsam. Die Protestaktion der Bauern richtete sich gegen ihre Vertreibung von Ländereien, auf die Bauunternehmen Ansprüche geltend machten. Nach mehr als einem Jahr ständiger Schikanen und einem Mordanschlag auf einen der Bauern durch Mitarbeiter der Baufirmen hofften sie, mit einem gemeinsamen öffentlichen Protest für ihre Probleme Gehör zu finden. Stattdessen wurden sie verhaftet und einige von ihnen im Gewahrsam mißhandelt und mit dem Tode bedroht. Die meisten kamen zwar nach ihrer Vernehmung ohne Anklageerhebung wieder frei, mindestens zwei der Demonstranten allerdings wurden später erneut festgenommen. Bei beiden handelte es sich um gewaltlose politische Gefangene.

Zu den vorübergehend zwecks Befragung im Gewahrsam gehaltenen Personen zählte M.H. Sinaga, Leiter des Rechtshilfeinstituts von Ampera. Er erhob nach seiner Freilassung den Vorwurf, während der Verhöre mißhandelt und mit einer Pistole bedroht worden zu sein. Ahmad Jauhari, ein weiterer Mitarbeiter des Instituts, wurde in den Tagen nach der Demonstration mit dem Tode bedroht und seine Wohnung zweimal verwüstet. Zwar blieb die Identität der Täter ungewiß, doch begründen Zeitpunkt und Umstände der Übergriffe den Verdacht, daß sie unter direkter Beteiligung der Polizei oder zumindest mit deren Wissen begangen worden sind.

Im Zusammenhang mit dem Fall der von Landvertreibung bedrohten Dorfbewohner aus West-Java wurde gegen zwei Personen strafrechtlich vorgegangen. Am 11. Oktober verurteilte ein Gericht Cheppy Sudrajat, einen Bauern aus Rancamaya, zu zehn Monaten Haft, nachdem es ihn für schuldig befunden hatte, die Protestveranstaltung vom September 1993 in Jakarta maßgeblich vorbereitet zu haben. Anfang 1994 mußte sich der Menschenrechtler Dedi Ekadibrata, der gleichfalls eng mit dem Rechtshilfeinstitut von Ampera zusammengearbeitet hatte und im November 1993 festgenommen worden war, vor Gericht des Vorwurfs erwehren, im Januar 1993 in Cijayanti zu einem Anschlag auf Einrichtungen des dortigen Bauunternehmens angestiftet zu haben. Er wurde für schuldig befunden und zu 18 Monaten Freiheitsentzug verurteilt. Menschenrechtsanwälte sind hingegen überzeugt, daß Dedi Ekadibrata einzig und allein wegen seines gewaltfreien Engagements für die Rechte der Kleinbauern der Region strafrechtlich verfolgt worden ist.

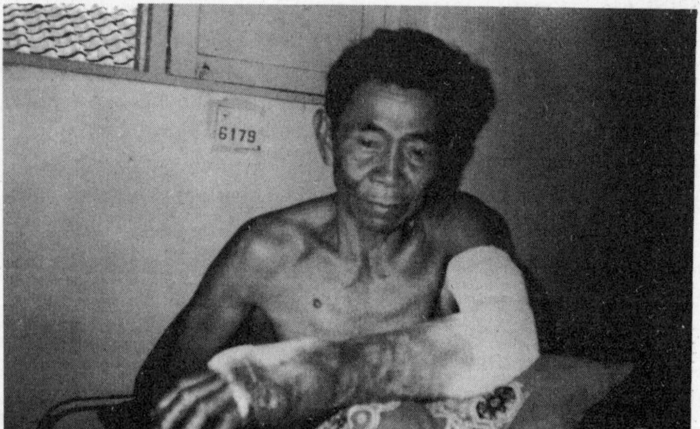

Anfang 1994 versuchten Angehörige privater Sicherheitsdienste, den 70jährigen Kleinbauern Haji Dodo von seinem Land in Cijayanti zu vertreiben. Er kam nur knapp mit dem Leben davon.

© Yayasan Pijar

Die Regierung hat mit unterschiedlichsten Mitteln, unter anderem mit Kurzzeitinhaftierungen und strafrechtlichen Sanktionen versucht, Gewerkschaftsaktivisten zum Schweigen zu bringen und unabhängige Interessenvertretungen wie die Indonesische Gewerkschaft für den Wohlstand der Arbeiter *(Serikat Buruh Sejahtera Indonesia - SBSI)* in ihrer Arbeit zu behindern.

Am 10. Februar 1994, dem Vorabend eines angekündigten Generalstreiks, wurden mindestens 19 SBSI-Funktionäre verhaftet, unter ihnen der Gewerkschaftsvorsitzende Muchtar Pakpahan, das Geschäftsführungsmitglied Sunarty und der SBSI-Vorsitzende von Zentral-Java mit Namen Trisjanto. Die Festnahmen verfolgten offenbar den Zweck, die Gewerkschafter an der weiteren Vorbereitung des Streiks zu hindern und die Arbeiterschaft von einer Teilnahme abzuschrecken. Die 19 SBSI-Funktionäre kamen zwar ohne Ausnahme innerhalb weniger Tage wieder frei, gegen Muchtar Pakpahan, Sunarty und Trisjanto allerdings erhob die Staatsanwaltschaft Anklage wegen Aufwiegelung und regierungsfeindlicher Äußerungen.

Im Zuge von Arbeiterunruhen in Medan, die zu anti-chinesischen Ausschreitungen eskaliert waren, wurden Mitte April 1994 mehr als 100 Arbeiter und Gewerkschaftsaktivisten festgenommen, von denen sich Anfang Mai noch mindestens 50 in polizeilichem Gewahrsam befanden. Den meisten legten die Behörden Straftaten wie etwa Eigentumsbeschädigung und Körperverletzung zur Last, mindestens fünf Funktionäre der SBSI-Gewerkschaftsgruppe von Medan hingegen, die die Demonstrationen maßgeblich organisiert hatten, wurden allem Anschein nach allein wegen ihres gewaltfreien Einsatzes für die Rechte der Arbeiter in Haft genommen. Das Militär bezichtigte die SBSI, für die anti-chinesischen Ausschreitungen verantwortlich zu sein und Verbindungen zur PKI zu unterhalten, Anschuldigungen, die den Behörden eine Handhabe bieten könnten, die Führer der Gewerkschaft wegen Subversion oder anderer politischer Delikte vor Gericht zu bringen.

Bei einem der in Medan festgenommenen SBSI-Funktionäre handelte es sich um Riswan Lubis, den örtlichen Gewerkschaftssekretär. Seine Verhaftung erfolgte am 15. April 1994. Als Kollegen ihn mehrere Tage später im Polizeihauptquartier von Medan besuchten, gewannen sie den Eindruck, daß er geschlagen worden war. Am 29. April nahmen die Behörden ferner Amosi Telaumbanua, den SBSI-Vorsitzenden von Medan, in Gewahrsam. Es war nicht die erste Verhaftung des langjährigen Gewerkschaftsaktivisten. Bereits früher hatte das Militär ihn insgesamt dreimal festgenommen; zweimal war er in der Haft mißhandelt worden. Indonesische Menschenrechtsanwälte äußerten die Befürchtung, daß gegen Riswan Lubis, Amosi Telaumbanua und andere SBSI-Funktionäre Anklage wegen Aufwiegelung und womöglich wegen Subversion erhoben werden könnte. Für den Tatbestand der Aufwiegelung ist eine Höchststrafe von sieben Jahren vorgesehen, im Falle eines Schuldspruchs wegen Subversion droht den Gewerkschaftern sogar die Todesstrafe.

DIE TODESSTRAFE

In Indonesien kann die Todesstrafe für eine Vielzahl von Tatbeständen verhängt werden. Ihre Anwendung hat in den zurückliegenden zwei Jahrzehnten stetig zugenommen, wie ein Vergleich der entsprechenden Zahlen belegt. Waren es im Zeitraum zwischen 1975 und 1984 lediglich vier Hinrichtungen, so hat amnesty international seit 1985 mindestens 30 Exekutionen registrieren müssen. Die meisten Todesurteile ergehen wegen Mordes, während die meisten Hinrichtungen an politischen Gefangenen vollzogen werden. So zählen zu den Opfern der 30 seit 1985 nachweislich durchgeführten Exekutionen nicht weniger als 27 politische Gefangene, von denen die Mehrzahl in Schauprozessen zum Tode verurteilt worden ist. Einige hatten sich nahezu ein Vierteljahrhundert in Haft befunden, bevor man sie schließlich von Erschießungskommandos hinrichten ließ. Zum Zeitpunkt der Drucklegung dieses Berichts Mitte 1994 befanden sich neben einer Reihe von Strafgefangenen noch immer sechs politische Gefangene in den Todeszellen, die bereits Ende der 60er und Anfang der 70er Jahre wegen Beteiligung an dem Putschversuch von 1965 oder wegen Mitgliedschaft in der PKI verurteilt worden waren.

In Regierungs- und Justizkreisen scheint man zum Teil den Argumenten gegen die Todesstrafe eine gewisse Aufgeschlossenheit entgegenzubringen. So hat beispielsweise der Oberste Gerichtshof Indonesiens in einem für viele überraschenden Urteil 1988 entschieden, daß die Todesstrafe mit der Staatsideologie *Pancasila* unvereinbar sei. Dessenungeachtet hält die Regierung an der Todesstrafe fest und verteidigt dies mit dem Argument der Abschreckung vor Schwerverbrechen. Da jedoch in der Vergangenheit überwiegend politische Gefangene hingerichtet worden sind, hat es eher den Anschein, als diene die Vollstreckung von Todesurteilen der Regierung in erster Linie der Festigung ihrer politischen Macht und der Abschrekkung potentieller politischer Widersacher.

Die indonesische Regierung hat betont, daß sie mit dem Vollzug von Hinrichtungen in Übereinstimmung mit den Gesetzen des Landes und in Ausübung ihrer Hoheitsrechte in einem souveränen Staat handelt. Proteste des Auslandes werden als Einmischung in innerstaatliche Angelegenheiten zurückgewiesen. Als beispielsweise das Gerücht auftauchte, daß gegen sieben PKI-Gefangene für März 1990 Hinrichtungsbefehle ausgestellt worden seien, erklärte der Oberbefehlshaber der Streitkräfte gegenüber Journalisten: „Die Frage der Exekution ist eine interne Angelegenheit Indonesiens, die unsere nationalen Interessen, unsere Souveränität und unsere Freiheit berührt. Außenstehende sollten sich deshalb nicht in unsere Belange einmischen. Schreiben Sie dies in großen Lettern.“

Durch die Nachdrücklichkeit, mit der die Regierung die formale Rechtmäßigkeit der Todesstrafe betont und jegliche Kritik des Auslandes schroff zurückweist, ist die eigentlich wesentliche Frage, inwieweit die Todesstrafe an sich eine schwere Menschenrechtsverletzung darstellt oder zu Menschenrechtsverletzungen beiträgt, in den Hintergrund gedrängt worden.

HINRICHTUNG UNSCHULDIGER

Jedes Strafrechtssystem der Welt, das die Verhängung von Todesurteilen zuläßt, birgt die Gefahr, daß unschuldige Menschen hingerichtet werden. Wo jedoch wie in Indonesien das Justizwesen von Korruption und fehlender Unabhängigkeit geprägt ist, besteht ein gesteigertes Risiko, daß Menschen schuldlos sterben müssen.

Zahlreiche wegen Mitgliedschaft in der PKI zum Tode verurteilte politische Gefangene sind bereits hingerichtet worden, andere leben nun schon seit Jahrzehnten in der quälenden Ungewißheit, daß man sie womöglich ebenfalls exekutieren wird. Sie alle sind von militärischen Sondergerichten nach unfairen Prozessen und ohne das Recht auf Berufung verurteilt worden. Gefangene, gegen die Gerichte der zivilen Justiz die Todesstrafe verhängt haben, verfügen zwar über das Recht auf Anfechtung des Urteils, doch weisen die Berufungsverfahren im allgemeinen erhebliche Mängel auf.

Als letztes Rechtsmittel steht zum Tode verurteilten Gefangenen die Möglichkeit offen, ein Gnadengesuch an den Präsidenten zu richten. Erst wenn dies abgelehnt wurde, darf der betreffende Gefangene hingerichtet werden. Der indonesische Präsident aber macht nur selten von seinem Gnadenrecht Gebrauch. Die meisten Anträge weist er zurück, so daß der Exekution formal nichts mehr im Wege steht. Da Gefangene oftmals bereits unmittelbar nach der Ablehnung ihrer Gnadengesuche hingerichtet werden, besteht bei vielen die Befürchtung, daß sie mit einem Antrag auf Begnadigung lediglich ihre Exekution beschleunigen. Einige lehnen es aus diesem Grunde ab, ein Gnadengesuch zu stellen. Für die Behörden ergeben sich daraus bestimmte rechtliche und administrative Probleme, denen Justiz und Verwaltung in manchen Fällen auszuweichen versucht haben, indem sie ihrerseits ohne Wissen oder sogar gegen den ausdrücklichen Willen von zum Tode verurteilten Gefangenen Anträge auf Begnadigung gestellt haben. Ein solches Vorgehen begründet den Verdacht, daß Gnadengesuchen allenfalls der Stellenwert einer rechtlichen Formalität beigemessen wird, der Justiz- und Verwaltungsbehörden in willkürlicher Weise genüge tun.

DAS GRAUSAME WARTEN AUF DIE HINRICHTUNG

Jahrelang in dem quälenden Bewußtsein leben zu müssen, daß jederzeit ein Termin für die eigene Hinrichtung anberaumt werden kann, stellt eine Form der Folter oder grausamer und unmenschlicher Behandlung dar. In Indonesien befinden sich zum Tode verurteilte Gefangene fast immer in dieser Situation. Viele haben sogar mehr als zwei Jahrzehnte in Todezellen zubringen müssen.

Die indonesische Regierung hat die Verzögerungen als Beweis für ihr rechtsstaatliches Handeln ausgegeben. Die Tatsache, daß vier politische Gefangene erst nach 24 Jahren hingerichtet worden sind, bezeichnete sie beispielsweise 1990 gegenüber der Menschenrechtskommission der Vereinten Nationen als zwangsläufiges Ergebnis eines fairen und gewissenhaften juristischen Verfahrens: „... In ihren Fällen hat der Prozeß der Einreichung von Gnadengesuchen sehr viel Zeit in Anspruch genommen, was in der Tat darauf hindeutet, daß den Angeklagten alle nur erdenklichen Rechtsbehelfe zur Verfügung gestanden haben, einschließlich des Rechts auf Berufung vor höherinstanzlichen Gerichten."

Die obigen Aussagen sind irreführend. Sie lenken bewußt davon ab, daß der Zeitpunkt der Hinrichtungen von politischen Erwägungen bestimmt gewesen ist, und sie stellen einen Versuch dar, die augenfällige Gleichgültigkeit offizieller Stellen gegenüber den Leiden der zum Tode verurteilten Gefangenen und ihrer Familien zu bemänteln. Bis zu 18 Jahre lang hatten die vier Häftlinge auf eine am Ende negative Entscheidung über ihre Berufungsanträge warten müssen. Es verstrichen weitere drei Jahre, bis sie erfuhren, daß auch ihre Gnadengesuche, die sie 1987 eingereicht hatten, vom Präsidenten abgelehnt worden waren.

Die Verfahren, die dem endgültigen Vollzug der Todesstrafe vorausgehen, sind aufgrund der offiziellen Geheimhaltungspolitik weitgehend undurchsichtig. Letztendlich ist nicht ersichtich, warum ein Gefangener hingerichtet wird. Todeskandidaten erfahren oftmals erst in dem Augenblick, in dem man sie zur Exekution aus ihren Zellen holt, daß sie sterben müssen. Ihnen bleibt von diesem Zeitpunkt an noch eine Frist von exakt 74 Stunden, um mit ihrem Leben abzuschließen. Ihre Familien und Freunde erhalten häufig erst im nachhinein von der Hinrichtung Kenntnis, was für sie zusätzliches Leiden mit sich bringt. Die engsten Familienangehörigen von zwei der vier im Februar 1990 exekutierten Gefangenen haben beispielsweise erst über Freunde, die wiederum die Information im Radio gehört hatten, vom Tod ihrer Verwandten erfahren.

Indonesische Rechtsanwälte haben argumentiert, daß das übermäßig lange Warten auf die Hinrichtung als Verstoß gegen das Strafgesetzbuch angesehen werden muß, in dem festgelegt ist, daß ein Gefangener nicht für dieselbe Tat zweimal bestraft werden darf. Nach Auffassung des Rechtshilfeinstituts LBH aber haben Gefangene, die mehr als 20 Jahre inhaftiert sind, bereits eine Strafe verbüßt, so daß ihre Exekution ein gesetzwidriger Akt sei.

Von den 30 seit 1985 hingerichteten Personen waren 22 wegen angeblicher Beteiligung an dem Putschversuch von 1965 oder wegen Mitgliedschaft in der Kommunistischen Partei zum Tode verurteilt worden. Bei fünf weiteren Hinrichtungsopfern handelte es sich um moslemische politische Gefangene, die Gerichte der Subversion und anderer Straftaten für schuldig befunden hatten.

Die Exekution von insgesamt sechs PKI-Gefangenen Ende 1989 und Anfang 1990 löste verbreitet Befürchtungen um das Leben auch der übrigen zum Tode verurteilten Mitglieder der PKI aus. Es handelte sich um die Häftlinge Ruslan Wijayasastra, Iskandar Subekti (der 1993 verstarb), Asep Suryaman, Bungkus, Marsudi, Isnanto und Sukatno. Als Gerüchte kursierten, daß gegen die Gefangenen für den 11. März 1990 Hinrichtungsbefehle ausgestellt worden seien, gab dies den Befürchtungen zusätzlich Nahrung. Zwar wurden die Exekutionen seinerzeit nicht vollzogen, doch hat die Regierung in aller Deutlichkeit zum Ausdruck gebracht, daß weder der Druck seitens ausländischer Regierungen noch der von amnesty international sie davon abhalten werde, die Gefangenen hinzurichten. Um das Leben der PKI-Gefangenen muß daher weiterhin gebangt werden.

Jüngste Äußerungen und Maßnahmen der indonesischen Behörden haben Befürchtungen vor allem um die Sicherheit des seit mehr als 25 Jahren inhaftierten PKI-Mitglieds Sukatno, eines ehemaligen Parlamentsabgeordneten, verschärft. So erklärte Präsident Suharto in einem Schreiben vom 4. September 1993 an den Generalsekretär der Interparlamentarischen Union (IPU), daß für einen Hinrichtungsaufschub im Fall Sukatno kein Anlaß bestünde: „Ihrer Bitte entsprechend habe ich den Justizminister und andere zuständige Stellen angewiesen, den Fall zu überprüfen und Empfehlungen zu unterbreiten. Die Überprüfung hat ergeben, daß die verurteilte Person niemals ein Gnadengesuch gestellt noch jemals Anzeichen von Reue über ihre kriminellen Taten, die zahlreiche Menschenleben gefordert und in unserem Gemeinwesen schwere Unruhen ausgelöst haben, gezeigt hat ... Die indonesische Regierung hat somit keine andere Wahl, als das Urteil des Gerichts ordnungsgemäß zu vollstrecken."

Sukatno wurde 1971 wegen Mitgliedschaft in der PKI und angeblicher Beteiligung an dem Putschversuch von 1965 zum Tode verurteilt. Sein Berufungsverfahren vor dem Oberen Gericht endete 1975 mit einer Urteilsbestätigung, und auch der Oberste Gerichtshof hielt 1985 Urteil und Strafmaß aufrecht. Sukatno hat es bis heute beharrlich abgelehnt, einen Antrag auf Begnadigung zu stellen, zum einen, weil er das gegen ihn verhängte Urteil als Unrecht empfindet, zum anderen, weil er offenbar befürchtet, daß bei Ablehnung seines Gnadengesuchs das letzte rechtliche Hinrichtungshindernis beseitigt ist. Von den Gefängnis- und Militärbehörden wurde er bereits mehrfach unter Druck gesetzt, einen Gnadenantrag zu stellen oder aber schriftlich zu bestätigen, daß er dies nicht beabsichtigt. Das Schicksal von Sukatno, sein langes und quälendes Warten auf die Hinrichtung und der Druck, den man auf ihn ausübt, verdeutlichen die einzigartige Grausamkeit seiner Verurteilung.

Zeitlich fielen die Nötigungsversuche der Behörden mit einer von der IPU zugunsten von Sukatno gestarteten Initiative zusammen. Im Februar 1991 erklärten Vertreter der indonesischen IPU-Delegation, daß von dritter Seite beabsichtigt sei, zugunsten von Sukatno ein Gnadengesuch zu stellen, weil der Gefangene selbst sich zu diesem Schritt nicht entschließen könne. Später wurde bekannt, daß das Bezirksgericht von Zentral-Java bereits 1986 ohne Wissen von Sukatno seine Begnadigung beantragt hatte. An dieser Vorgehensweise übte der Interparlamentarische Rat in einer am 18. September 1993 anläßlich seiner 153. Sitzung verabschiedeten Resolution deutliche Kritik. In der Resolution heißt es: „... Der gegen seinen Willen vom Gericht, das ihn verurteilt hat, gestellte Antrag ist

Der ehemalige Parlamentsabgeordnete Sukatno wurde 1971 nach einem unfairen Prozeß zum Tode verurteilt. Ihm droht nach wie vor die Hinrichtung.

© ai

ein Willkürakt ... Die Hinrichtung von Herrn Sukatno wäre somit gleichfalls willkürlich und ungesetzlich und würde einen schweren Verstoß gegen die Menschenrechte darstellen."

Da Präsident Suharto das im Namen von Sukatno eingereichte Gnadengesuch am 13. Mai 1992 offiziell abgelehnt hat, steht aus formalrechtlicher Sicht der Hinrichtung des Gefangenen nichts mehr im Wege.

STRAFGEFANGENE

In den zurückliegenden Jahren haben indonesische Gerichte mehrfach die Todesstrafe für Mord und Drogendelikte verhängt. So wurden seit 1985 mindestens vier des Drogenhandels angeklagte Personen zum Tode verurteilt. Ihre Hinrichtung allerdings hatte bei Drucklegung dieses Berichts Mitte 1994 noch nicht stattgefunden. Von den mindestens zwölf im selben Zeitraum wegen Mordes verurteilten Gefangenen sind hingegen nachweislich drei exekutiert worden. Möglicherweise liegen die tatsächlichen Hinrichtungszahlen aber auch höher.

Vergleichbar der Situation in den meisten anderen Staaten, in denen Drogendelikte als Kapitalverbrechen definiert sind, vertritt man auch in Indonesien den Standpunkt, daß die Todesstrafe Drogenhändler wirksamer abschreckt als jede andere Strafe. Für diese Annahme sind noch niemals stichhaltige Beweise zutage gefördert worden. Obwohl in den zurückliegenden fünf Jahren weltweit Hunderte Menschen aufgrund von Drogenvergehen hingerichtet worden sind, haben die Befürworter der Abschreckungstheorie keine überzeugenden Anhaltspunkte dafür präsentieren können, daß die Anwendung der Todesstrafe zu einem Rückgang des Drogenhandels geführt hat. Üblicherweise werden ohnehin nur die „kleinen Fische" im Drogengeschäft festgenommen und exekutiert, während die Drogenbosse sich ihrer Verhaftung meist zu entziehen wissen.

1988 verurteilte ein indonesisches Gericht den Matrosen Kamjai Khong Thavorn, einen thailändischen Staatsbürger, wegen Drogenschmuggels zum Tode. Das Urteil wurde von allen Rechtsmittelinstanzen aufrechterhalten und auch von Staatspräsident Suharto bestätigt, obwohl erhebliche Zweifel an der Schuld des Angeklagten bestanden und er allem Anschein nach keinen fairen Prozeß erhalten hat. Man ließ nicht einmal aus Rücksicht auf seine Familie, die in der thailändischen Hauptstadt Bangkok in extrem ärmlichen Verhältnissen lebt, aus humanitären Gründen Nachsicht walten.

Kamjai Khong Thavorn wurde im August 1987 in Samarinda in Ost-Kalimantan festgenommen, nachdem indonesische Zollbeamte bei einer Routinekontrolle seines Schiffes in seiner Kabine 17,76 Kilogramm Heroin entdeckt hatten. Erst nach dem Prozeß traten starke Indizien dafür zutage, daß Kamjai Khong Thavorn in dem vom indonesischen Zoll aufgedeckten Drogendeal nur als kleiner Handlanger fungiert haben dürfte, möglicherweise auch gar nicht daran beteiligt gewesen ist. So haben nach Angaben seiner Rechtsanwälte im Juni 1991 zwei Männer gegenüber der thailändischen Polizei ausgesagt, auf Anordnung eines japanischen Staatsbürgers 20 Packungen „Pferdemedizin“ (Heroin) in der Kabine von Kamjai Khong Thavorn deponiert zu haben.

An der Fairneß des Prozesses gegen den thailändischen Matrosen sind schwerwiegende Zweifel geäußert worden. So fanden sowohl die Hauptverhandlung als auch die späteren Berufungs- und sonstigen Rechtsmittelverfahren in indonesischer Sprache statt, die der Angeklagte zum damaligen Zeitpunkt nicht beherrschte. Überdies liegen Anhaltspunkte dafür vor, daß die Belastungsbeweise zum Teil gefälscht waren.

In einige Phasen des Rechtsmittelverfahrens waren anscheinend weder der Angeklagte selbst noch seine Verteidiger einbezogen. Die Anwälte hatten weder Kenntnis davon, daß der Oberste Gerichtshof als Berufungsinstanz angerufen, noch daß beim Staatspräsidenten ein Antrag auf Begnadigung gestellt worden war. Sie machten geltend, daß das Gnadengesuch rechtsungültig sei, weil es ohne ausdrückliche Zustimmung von Kamjai von Gefängnisbeamten verfaßt worden war. Der Antrag enthielt ein Schuldanerkenntnis und wurde später von Regierungs- und Justizbehörden als Beweismittel gegen den Angeklagten verwandt. Er diente den Behörden ferner als Rechtfertigung für die Aufrechterhaltung des Todesurteils.

Kamjai Khong Thavorn hatte zum Zeitpunkt seiner Verhaftung nicht nur den Lebensunterhalt seiner Ehefrau und seiner beiden Kinder, sondern auch den anderer Verwandter bestritten. Seine Familie, die heute noch immer im einem Armenviertel in Bangkok lebt, erfuhr 1991 erst aus den thailändischen Medien von der drohenden Hinrichtung ihres Angehörigen.

Im Mai 1991 stellten die Rechtsanwälte von Kamjai Khong Thavorn beim Obersten Gerichtshof einen Antrag auf Überprüfung des Falles, den sie mit in der Hauptverhandlung aufgetretenen Unregelmäßigkeiten, neueren Erkenntnissen über die Schuldlosigkeit ihres Mandanten und humanitären Erwägungen angesichts der verzweifelten Situation der Familie von

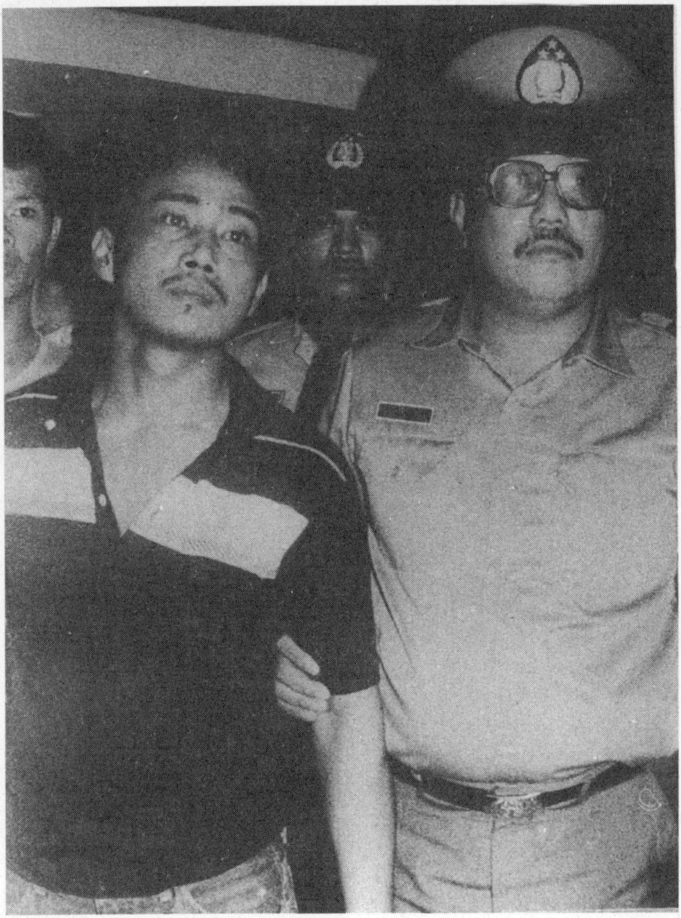

Im Januar 1988 verurteilte ein indonesisches Gericht den thailändischen Matrosen Kamjai Khong Thavorn wegen Drogenschmuggels zum Tode. Das Urteil wurde von allen Rechtsmittelinstanzen aufrechterhalten, obwohl erhebliche Zweifel an der Schuld des Angeklagten bestehen und er offenbar keinen fairen Prozeß erhalten hat. © Tempo

Kamjai begründeten. Der Antrag wurde im September 1992 von den obersten Richtern abgelehnt, die sich darauf beriefen, daß keine neue Beweislage eingetreten sei und im übrigen auch der Präsident das im Namen des Todeskandidaten eingereichte Gnadengesuch abgewiesen habe. Anfang 1993 richteten die Anwälte eine zweite Petition an das Staatsoberhaupt und baten um Begnadigung ihres Mandanten. Bei Drucklegung des vorliegenden Berichts Mitte 1994 stand eine Entscheidung des Präsidenten noch aus.

MENSCHENRECHTSINITIATIVEN DER INDONESISCHEN REGIERUNG

Die Regierung in Jakarta hat in jüngster Zeit eine Reihe menschenrechtsrelevanter Maßnahmen ergriffen, über die in den Medien ausführlich berichtet worden ist. So wurde im Juni 1993 per Präsidialdekret eine Nationale Menschenrechtskommission ins Leben gerufen, deren 25 Mitglieder im Dezember ihre Tätigkeit aufnahmen. Im Februar 1994 lud die Regierung eine Gruppe internationaler Journalisten zum Besuch Osttimors ein, und im April kündigte sie öffentlich ihre Bereitschaft an, mit amnesty international zu Gesprächen über Menschenrechtsfragen zusammentreffen zu wollen. Mit zunehmender Häufigkeit wurden Seminare und Workshops zum Thema Menschenrechte veranstaltet, während zugleich die Medien des Landes verstärkt Bereitschaft zeigten und auch die Möglichkeit erhielten, menschenrechtsrelevante Fragestellungen in ihrer Berichterstattung und Kommentierung aufzugreifen.

Die beschriebenen Initiativen deuten auf eine positive Veränderung der Haltung der Regierung in Menschenrechtsfragen hin und sind insofern als wichtige Schritte in die richtige Richtung zu begrüßen. Bedauerlicherweise aber stehen konkrete gesetzgeberische und verfahrensrechtliche Maßnahmen zur Wiedergutmachung der Menschenrechtsverletzungen der Vergangenheit und zur Verhütung zukünftiger Verbrechen weiterhin aus. Eine Beobachtung der Menschenrechtssituation durch unabhängige Gremien gestaltet sich nach wie vor als sehr mühsam, da die Regierung den Zugang zu Osttimor und Indonesien weiterhin restriktiv handhabt und sowohl innerstaatlichen als auch internationalen Organisationen, darunter amnesty international und das Internationale Komitee vom Roten Kreuz, in ihrer Arbeit Beschränkungen auferlegt. Die Regierung muß sich der Kritik stellen, daß sie unabhängige Ermittlungen zu verhindern sucht, es ihrerseits aber bislang durchgängig versäumt hat, schwere Menschenrechtsverletzungen umfassend und von unparteiischer Seite untersuchen zu lassen und die mutmaßlich Verantwortlichen vor Gericht zur Rechenschaft zu ziehen.

DIE MENSCHENRECHTE IN DER INNERSTAATLICHEN DISKUSSION

Vor dem Hintergrund in- und ausländischer Kritik an der Menschenrechtssituation in Indonesien und Osttimor hat die Regierung in jüngster Zeit versucht, die Menschenrechtsdebatte in eine neue Richtung zu lenken. Die von ihr vertretenen Positionen bedeuten eine kompromißlose Absage an folgende zwei Grundprinzipien: Daß erstens die Menschenrechte universelle Geltung besitzen und allen Menschen gleichermaßen zustehen;

und daß zweitens die internationale Staatengemeinschaft nicht nur das Recht, sondern die Pflicht hat, zur Verhinderung von Menschenrechtsverletzungen beizutragen, wo immer diese geschehen.

Auf ihren Ruf im Ausland bedacht, betont die indonesische Regierung zwar nachdrücklich, daß sie die Universalität der von den Vereinten Nationen geschaffenen Menschenrechtsstandards anerkennt, in ihrer weiteren Argumentation aber beruft sie sich darauf, daß es den einzelnen Staaten überlassen bleiben muß, bei der Durchsetzung dieser Standards ihr Handeln an den besonderen kulturellen, historischen und politischen Gegebenheiten des jeweiligen Landes auszurichten. In der Praxis kommt dies einem Freibrief für den Staat gleich, in grundlegende bürgerliche und politische Rechte seiner Bürger eingreifen zu können.

Ein zentraler Einwand der indonesischen Regierung lautet, daß die in internationalen Menschenrechtspakten verankerten Prinzipien keinen universellen Charakter besitzen, sondern „westliche" Werte widerspiegeln und damit den bürgerlichen und politischen Rechten Vorrang gegenüber den wirtschaftlichen, sozialen und kulturellen Rechten einräumen. Erforderlich ist nach offizieller Einschätzung eine stärkere Betonung der Rechte des Gemeinwesens, der „Nation" und des Staates. Konkret vertritt die indonesische Regierung den Standpunkt, daß Menschenrechtsanliegen auf keinen Fall Eingriffe in das „Recht auf Entwicklung" einer Nation oder Verletzungen der nationalen Souveränität begründen dürfen.

Nach dem Willen der Regierenden in Jakarta sollte sich die Menschenrechtspolitik in Indonesien an „traditionellen" Konzepten orientieren, wie sie in der Verfassung von 1945 und in der Staatsideologie *Pancasila* ihren Ausdruck finden. Doch weder die Verfassung noch *Pancasila* enthalten umfassende Garantien für den Schutz grundlegender Rechte, und auch der Machtbefugnis und dem Handeln des Staates setzen sie fast keine Grenzen.

Die indonesische Regierung hat von den Menschenrechtsverletzungen im eigenen Land abzulenken versucht, indem sie andere Staaten beschuldigte, das Thema für politische und wirtschaftliche Zwecke zu mißbrauchen. Sie hat „dem Westen" Scheinheiligkeit vorgeworfen, und dies nicht ohne eine gewisse Berechtigung, denn oftmals tragen Regierungen, die Indonesien wegen der dortigen Menschenrechtssituation kritisieren, ihrerseits für Menschenrechtsverletzungen Verantwortung. Die Machthabenden in Jakarta wehren sich ferner vehement gegen eine Verknüpfung von Menschenrechten und entwicklungs- und handelspolitischer Zusammenarbeit. Den westlichen Regierungen machen sie zum Vorwurf, Menschenrechtsanliegen als Vorwand für die Durchsetzung wirtschaftlicher und politischer Eigeninteressen zu mißbrauchen. Mit ihrer Schelte an die Adresse von Drittstaaten hat die Regierung in Indonesien eine populärwissenschaftliche Debatte über die Menschenrechte in Gang gesetzt, auf den Schutz der Rechte der Bürger des Landes zeigt dies jedoch kaum Wirkungen.

Auch in internationalen Foren hat die indonesische Regierung ihr Menchenrechtskonzept zu legitimieren versucht. Auf dem Gipfeltreffen der Bewegung blockfreier Staaten im September 1992 war sie als Vorsitzender des Treffens maßgeblich an der Ausarbeitung der „Erklärung von Jakarta" beteiligt, in der die Prinzipien der Nichteinmischung und der nationalen Souveränität bei der Durchsetzung von Menschenrechtsstandards verankert sind. Auf dem Zweiten Asiatisch-Pazifischen Menschenrechtsworkshop der Vereinten Nationen vom Januar 1993, der ebenfalls unter dem Vorsitz des Gastgeberlandes Indonesien stattfand, warb die Regierung bei den Staaten der Region mit großem Erfolg um Unterstützung für diese Prinzipien.

Die indonesische Regierung hat sich ferner stets explizit gegen jede Ausweitung der Befugnisse internationaler Menschenrechtsgremien ausgesprochen, in denen sie nicht selbst eine führende Funktion einnimmt. Auf der Weltmenschenrechtskonferenz der Vereinten Nationen vom Juni 1993 in Wien beispielsweise hat sie - wenn auch vergeblich - die Schaffung des Amtes eines Hochkommissars für Menschenrechte zu verhindern versucht, dessen Aufgabe es sein soll, die Menschenrechtsaktivitäten der Vereinten Nationen zu koordinieren und ihnen eine größere politische Bedeutung zu verleihen.

Der internationale Schutz der Menschenrechte, so die indonesische Regierung, könne nur auf dem Wege der „Zusammenarbeit“ und nicht über Kontrollmechanismen von außen sichergestellt werden. Ihr Aufruf zu einer „kooperativen“ Herangehensweise dürfte allerdings in erster Linie als Versuch zu werten sein, sich der Beobachtung der Menschenrechtslage durch ausländische Gremien zu entziehen. Es besteht kein Zweifel daran, daß Regierung und Militär solche Kontrollen nach wie vor als unzulässige Einmischung in innerstaatliche Angelegenheiten betrachten. Ausländischen Regierungen und internationalen Organisationen, die Kritik an der Menschenrechtssituation in Indonesien üben, unterstellt man, „ indonesienfeindliche“ Absichten oder beschuldigt sie der kulturellen Arroganz.

Wer in Indonesien die Idee der Universalität der Menschenrechte verficht, sieht sich oftmals Verleumdungen seitens offizieller Stellen ausgesetzt. So haben Militär und andere Staatsbeamte wiederholt davor gewarnt, daß „Kommunisten“ und sonstige „Extremisten“ die Frage der Menschenrechte für ihre „subversiven Ziele“ instrumentalisieren.

Liberalismus und „Menschenrechte westlicher Prägung“ werden von offizieller Seite als Ideologien des Auslandes bezeichnet, die mit den in Indonesien herrschenden Wertvorstellungen unvereinbar seien. Wer für sie eintritt, muß sich des Verrats oder der Subversion bezichtigen lassen. Die Regierung maßt sich an, im Namen indonesischer „Kultur“ und indonesicher „Werte“ zu sprechen, doch diejenigen, die die universelle Geltung der Menschenrechte propagieren, seien es Studenten, Bauern, Rechtsanwälte, Arbeiter, Intellektuelle und andere Bürger des Landes, sind ebenfalls Indonesier und fühlen sich ihrer Heimat und deren Traditionen verbunden.

ZUSAMMENARBEIT MIT DEN MENSCHENRECHTSGREMIEN DER VEREINTEN NATIONEN

Indonesien wurde 1991 Mitglied in der Menschenrechtskommission der Vereinten Nationen. Daraus resultiert für die Regierung in Jakarta eine besondere Verantwortung, die in Stellungnahmen und Resolutionen der Kommission enthaltenen Empfehlungen in die Praxis umzusetzen. Dies hat sie jedoch - von einigen wenigen Ausnahmen abgesehen - nicht getan, sondern im Gegenteil die Position vertreten, an die Vorgaben bestimmter Resolutionen nicht gebunden zu sein. Ähnlich unbeständig zeigt sie sich auch in der Zusammenarbeit mit denjenigen Gremien der Vereinten Nationen, die Menschenrechtsverletzungen nach thematischen Schwerpunkten untersuchen.

Ende 1991 konnte der Sonderberichterstatter der Vereinten Natiuónen für Fragen der Folter auf Einladung der Regierung Indonesien und Osttimor besuchen. In seinem Abschlußbericht traf er die Feststellung, daß sowohl in Indonesien als auch im annektierten Osttimor Folterungen eine tägliche Realität darstellen. Der Sonderberichterstatter unterbreitete der Regierung elf konkrete Empfehlungen, um für die Zukunft Folterungen zu verhindern. Er forderte sie unter anderem auf, relevanten Menschenrechtsabkommen beizutreten; das Recht eines jeden Häftlings auf Zugang zu einem Anwalt umfassend zu gewährleisten; auf illegalem Wege erlangte Beweise nicht vor Gericht zuzulassen; das Anti-Subversions-Gesetz abzuschaffen; der Anwendung oder Duldung der Folter für schuldig befundene Beamte zu bestrafen; den Gerichten der zivilen Justiz die Zuständigkeit für Verfahren gegen Angehörige der Streitkräfte, die im Verdacht stehen, Menschenrechtsverletzungen begangen zu haben, zu übertragen; eine nationale Menschenrechtskommission mit unabhängigen Ermittlungsvollmachten einzusetzen.

Mitte 1994, mehr als zwei Jahre nach Veröffentlichung der Empfehlungen des Sonderberichterstatters, war die Regierung mit der Einrichtung einer nationalen Menschenrechtskommission lediglich einer der Empfehlungen des Sonderberichterstatters ansatzweise nachgekommen. Ihre Tatenlosigkeit läßt Zweifel aufkommen, inwieweit ihr ausdrückliches Bekenntnis zur Wahrung internationaler Menschenrechtsstandards ernstzunehmen ist. Vor allem aber, und dies ist von weitaus größerer Tragweite, bedeutet die Untätigkeit der Regierung, daß die vom Sonderberichterstatter aufgezeigten Ursachen für Folterungen und Mißhandlungen in Indonesien noch immer nicht beseitigt sind.

Anfang 1994 übermittelte die indonesische Regierung dem Sonderberichterstatter der Vereinten Nationen über extralegale, summarische oder willkürliche Hinrichtungen eine Einladung, noch im laufenden Jahr Osttimor zu besuchen. Es bleibt abzuwarten, ob sie umfassend mit dem Berichterstatter zusammenarbeiten und etwaige von ihm erarbeitete Empfehlungen umsetzen wird.

Die indonesische Regierung hat zwar auf Anfragen aller Themenberichterstatter der Vereinten Nationen reagiert, doch sind ihre Antworten nicht immer zufriedenstellend ausgefallen. Die Arbeitsgruppe für Fragen des gewaltsam erzwungenen oder unfreiwilligen Verschwindens von Personen etwa hat der Regierung in Jakarta bereits 1992 eine Liste mit den Namen von 207 „verschwundenen" Osttimoresen übermittelt und um Klärung der Schicksale gebeten. Bis Ende 1993 waren ihr lediglich zu 20 Fällen Stellungnahmen zugegangen, die die Arbeitsgruppe überdies nur in fünf Fällen aus aussagekräftig bewertete. In einem Bericht der Arbeitsgruppe vom 22. Dezember 1993 heißt es: „In den übrigen 15 Fällen entsprachen die in der Antwort der Regierung genannten Namen nicht den in den Listen der Arbeitsgruppe aufgeführten Namen.“[3]

Bisweilen hat die indonesische Regierung auf Anfragen im Zusammenhang mit Menschenrechtsverletzungen mit kategorischen Dementis reagiert. Die oben erwähnte Arbeitsgruppe erhielt beispielsweise von der Regierung ein Schreiben, in dem es hieß, daß „Vorwürfe über das Verschwindenlassen in Aceh ... eindeutig falsch sind und solche Dinge wie ein ‘generelles Muster von Verschwindenlassen’ in Aceh nicht existieren“. Eine bevorzugte Argumentation der Regierung besteht ferner darin, daß sie die Integrität und Unparteilichkeit derjenigen Personen, die den Vereinten Nationen Berichte über Menschenrechtsverletzungen zur Kenntnis gebracht haben, in Zweifel zieht, anstatt der Begründetheit solcher Vorwürfe nachzugehen. In dem bereits oben zitierten Schreiben an die Arbeitsgruppe für Fragen des gewaltsam verursachten oder unfreiwilligen Verschwindens von Personen zeigte sich die Regierung „enttäuscht darüber, daß parteiliche Beobachter den Vereinten Nationen Vorwürfe über Menschenrechtsverletzungen in Indonesien zugeleitet haben, die einseitig, unbegründet und nicht durch Fakten abgesichert sind. Darüber hinaus sind die Vorwürfe übertrieben und stützen sich ausschließlich auf Drittquellen, deren Zuverlässigkeit angezweifelt werden muß.“

Gegenüber der Tätigkeit anderer Gremien der Vereinten Nationen hat die indonesische Regierung hingegen eine leicht positivere Haltung an den Tag gelegt. So konnte Amos Wako, der persönliche Sondergesandte des Generalsekretärs der Vereinten Nationen, bereits zweimal - im Februar 1992 und erneut im April 1993 - Osttimor besuchen. Im Prozeß gegen Xanana Gusmão erhielten Vertreter der Vereinten Nationen ferner die Genehmigung, an mindestens einem Verhandlungstag im Ge-

[3]Dokument E/CN.4/1994/26, Seite 66

richtssaal anwesend zu sein. Im Januar 1994 stimmte die Regierung dem Besuch einer Delegation des Generalsekretärs der Vereinten Nationen in Jakarta und Dili zu. Dieses Entgegenkommen läßt hoffen, daß die indonesische Regierung die Kritik der Vereinten Nationen an der Situation in Osttimor ernst nimmt. Insofern kann es nur begrüßt werden.

Besuche persönlicher Abgesandter oder Delegationen des Generalsekretärs der Vereinten Nationen stellen allerdings keinen vollwertigen Ersatz für Missionen durch die Menschenrechtsberichterstatter und -sachverständigen der Menschenrechtskommission der Vereinten Nationen dar. Da sich ihr Mandat üblicherweise nicht auf Recherchen zur Menschenrechtssituation erstreckt und die von ihnen gewonnenen Erkenntnisse in der Regel vertraulich bleiben, bildet ihre Tätigkeit weder für die Menschenrechtskommission noch für die internationale Gemeinschaft eine Basis, auf die gestützt eine Bewertung der Menschenrechtssituation in Indonesien und Osttimor vorgenommen werden könnte. Die Entscheidung, anläßlich von Besuchen vor Ort ermittelte Fakten unter Verschluß zu halten, bedeutet überdies, daß nicht einmal Informationen über die Bedingungen, unter denen die Besuche stattgefunden haben, publik gemacht werden. Ein weiteres Problem genereller Art besteht darin, daß Besuche persönlicher Abgesandter oder Delegationen des Generalsekretärs der Vereinten Nationen nicht mit dem Ziel durchgeführt werden, konkrete Empfehlungen für eine Verbesserung der Menschenrechtssituation auszuarbeiten.

BESCHRÄNKUNGEN BEI DER ÜBERWACHUNG DER MENSCHENRECHTSSITUATION

Während die indonesische Regierung auf der einen Seite versichert, internationale Menschenrechtsstandards zu achten, versucht sie auf der anderen Seite, unabhängige Ermittlungen zur Aufklärung von Vorwürfen über Menschenrechtsverletzungen zu verhindern. In den letzten beiden Jahren ist zwar in gewissem Umfang eine Verbesserung zu verzeichnen. Nach wie vor aber unterliegt der Zugang zu Osttimor, Aceh und anderen Landesteilen Einschränkungen, die es internationalen wie innerstaatlichen Organisationen erschweren, wenn nicht gar unmöglich machen, Informationen über die Menschenrechtssituation vor Ort zu ermitteln.

Seit dem Massaker von 1991 auf dem Friedhof von Santa Cruz hat die indonesische Regierung wiederholt versichert, für humanitäre und Menschenrechtsorganisationen die Einreise nach Osttimor erleichtern zu wollen. Diese Zusage hat sie jüngst bei verschiedenen Gelegenheiten bekräftigt, so beispielsweise im Dezember 1993 nach einem Treffen zwischen Vertretern der Regierungen von Indonesien und Portugal in New York, ein weiteres Mal im Januar 1994 während einer Unterredung zwischen Präsident Suharto und Mitgliedern des US-amerikanischen Kongresses und zuletzt im April 1994 vor Beginn einer unter Vermittlung der Vereinten Nationen zustandegekommenen vierten Runde von Gesprächen zwischen Indonesien und Portugal.

Gewisse Fortschritte sind somit nicht zu leugnen. Die Grenzen Osttimors sind für Außenstehende so offen wie seit 1975 nicht mehr. In den zurückliegenden zwei Jahren etwa erhielten offizielle Delegationen aus den USA, Australien und Schweden sowie Repräsentanten der Vereinten Nationen die Genehmigung, Osttimor zu besuchen. Allerdings ist auch anzumerken, daß Vertreter des Auslandes während ihres Aufenthalts in Osttimor strikten Kontrollen durch die Militärbehörden unterliegen und daß Osttimoresen, die mit ausländischen Delegationsteilnehmern Gespräche führen, Gefahr laufen, verhaftet und verhört zu werden. Besucher, die sich kritisch über ihre Eindrücke von Osttimor äußern, ziehen die Mißbilligung der Regierung auf sich, während diejenigen, die unbesehen die offiziellen Positionen übernehmen, auf internationalen Treffen und in den Medien zitiert werden.

Die Zusammenarbeit der indonesischen Regierung mit dem Internationalen Komitee vom Roten Kreuz trägt ebenfalls gegensätzliche Züge. Als positiv ist zu vermerken, daß die Besuchsrechte von Vertretern der Organisation auf politische Gefangene sowohl in Osttimor als auch in Indonesien erweitert worden sind. In der Praxis allerdings verweigert oder verzögert die Regierung den Zugang der Rot-Kreuz-Mitarbeiter zu Häftlingen, sobald sie Fragen der „nationalen Sicherheit" berührt sieht. Zwischen März und Dezember 1992 konnten Vertreter des Roten Kreuzes nur sporadisch mit Gefangenen in Osttimor unbeaufsichtigt Gespräche führen. Zwischen Januar und Juni 1993 sah sich die Organisation insgesamt sogar drei mal gezwungen, von Besuchen Abstand zu nehmen, weil sie die daran geknüpften Auflagen des Militärs für nicht mehr hinnehmbar erachtete. Nachdem die indonesische Regierung erfahren hatte, daß der *Fretilin*-Führer Xanana Gusmão aus dem Gefängnis heraus Schreiben sowohl an die Internationale Juristenkommission als auch an die portugiesische Regierung gerichtet hatte, untersagte sie Anfang 1994 Vertretern des Roten Kreuzes und der Familie jedweden Besuch des Häftlings.

Die vieldiskutierte Frage des Zugangs zu Osttimor für internationale Organisationen und Delegationen hat ein anderes Problem, das im Grunde weit schwerer wiegt, großenteils in Vergessenheit geraten lassen. Es ist dies die Tatsache, daß innerstaatliche Menschenrechtsorganisationen in ihrer Arbeit nach wie vor Einschränkungen unterliegen. Ungeachtet wiederholter Forderungen von Präsident Suharto nach größerer politischer Offenheit sind seit Ende 1993 mehr als 20 Personen wegen ihres gewaltfreien menschenrechtlichen Engagements zu Freiheitsstrafen verurteilt worden. Mehrere andere verbüßen weiterhin die in den Vorjahren gegen sie verhängten Strafen.

DIE NATIONALE MENSCHENRECHTSKOMMISSION

Im Juni 1993 wurde per Präsidialdekret eine Nationale Menschenrechtskommission ins Leben gerufen und im Dezember deren Mitglieder benannt. Aufgabe der Kommission ist es, Beschwerden über Menschenrechtsverletzungen, ob diese von den Opfern, von Rechtsanwälten oder internationalen Organisationen vorgetragen werden, zu untersuchen. Seit ihrem Bestehen hat die Kommission zu einer Vielzahl unterschiedlichster Vorwürfe Ermittlungen eingeleitet. Sie hat beispielsweise Recherchen im Zusammenhang mit Landkonflikten und Arbeitskämpfen angestellt und mehrere Fälle politisch motivierter Festnahmen und extralegaler Hinrichtungen untersucht. Ihre entschlossenen Initiativen sind im höchsten Maße zu begrüßen. Einige der öffentlichen Stellungnahmen der Kommission haben in ihrer Schärfe selbst Kritiker überrascht. Dennoch bleiben schwerwiegende Zweifel daran bestehen, ob die Kommission den von den Vereinten Nationen aufgestellten Standards der Unparteilichkeit und Unabhängigkeit gerecht werden kann und ob es ihr tatsächlich gelingt, den schweren Menschenrechtsverletzungen in Indonesien und Osttimor abzuhelfen.

Die Kommission verfügt nur über ein eingeschränktes Mandat. Ihre Haupttätigkeit besteht darin, den für die Umsetzung der Menschenrechtspolitik zuständigen Regierungsbehörden beratend zur Seite zu stehen, die Menschenrechtserziehung zu fördern und landesweit über die Einhaltung der Menschenrechte zu wachen. Zwar kann sie auch konkreten Fällen von

Menschenrechtsverletzungen nachgehen und Ermittlungen vor Ort durchführen. Formal stehen ihr jedoch keine Untersuchungsvollmachten zu. Auch ist die Regierung nicht verpflichtet, den Empfehlungen und Ratschlägen der Kommission Folge zu leisten.

Bislang scheint die Kommission ihr Mandat eher restriktiv auszulegen. Eine ihrer ersten offiziellen Amtshandlungen bestand darin, daß fünf ihrer Mitglieder elf der insgesamt 21 Studenten in der Haft besuchten, die während einer friedlichen Demonstration am 14. Dezember 1993 festgenommen worden waren. Im Anschluß an den Besuch erklärten sie gegenüber der Presse, daß die Studenten von der Polizei korrekt behandelt worden seien. Auf die Tatsache ihrer Festnahme und Inhaftierung gingen sie hingegen befremdlicherweise mit keinem Wort ein. Offenbar betrachtet die Kommission die Inhaftierung von Menschen, deren einziges „Vergehen" darin bestanden hat, ihren politischen Überzeugungen friedlich Ausdruck zu verleihen, als außerhalb ihres Mandates liegend. Einige Stellungnahmen der Kommissionsmitglieder lassen sich überdies in einer Weise interpretieren, als begegne man schweren Menschenrechtsverletzungen mit einem gewissen Verständnis. So erklärte etwa im März 1994 das Kommissionsmitglied Bambang Suharto, auf die „Operation Säuberung" angesprochen: „Solange geltende Verfahren beachtet werden ... kann es einsichtig sein, daß Kriminelle erschossen werden ... Es stellt sich die Frage des Schutzes der Menschenrechte von Straftätern oder von Verbrechensopfern."

Die Zusammensetzung der aus 25 Mitgliedern bestehenden Kommission hat an ihrer Unabhängigkeit Zweifel aufkommen lassen. Beim Vorsitzenden Ali Said, dessen Ernennung auf Vorschlag von Präsident Suharto erfolgt ist, handelt es sich um einen pensionierten Militäroffizier, der früher als Richter an einem Militärgericht tätig gewesen ist und später das Amt des Justizministers und des Präsidenten des Obersten Gerichtshofes innegehabt hat. Nach dem Putsch von 1965 gehörte Ali

Said einem Militärischen Sondergericht an, das unter seinem Vorsitz den ehemaligen Außenminister Indonesiens, Dr. Subandrio, wegen Subversion zum Tode verurteilt hat.[4] Die seinerzeitigen Verfahren vor den Militärischen Sondergerichten sind generell international verankerten Standards der Fairneß bei weitem nicht gerecht geworden.

Der Generalsekretär der Menschenrechtskommission ist zugleich Beamter im Justizministerium und dort oberster Leiter der Strafvollzugsanstalten. Daraus ergeben sich ohne Frage Interessenkonflikte, die bereits wenige Wochen nach Einsetzung der Kommission offenkundig geworden sind. Als die Regierung Anfang 1994 dem Internationalen Komitee vom Roten Kreuz und der Familie von Xanana Gusmão weitere Gefangenenbesuche untersagte, verteidigte der Direktor der Strafvollzugsanstalten laut *Jakarta Post* vom 13. Januar 1994 das Verbot mit den Worten: „Er hat das Volk und die indonesische Nation verächtlich gemacht. Deshalb muß ich ihn disziplinarisch bestrafen." Diese Maßnahme bedeutet einen eindeutigen Verstoß gegen die von den Vereinten Nationen aufgestellten Grundsätze für den Schutz inhaftierter Personen.

Als positiv ist zu vermerken, daß der Kommission auch renommierte Rechtsanwälte und Juristen angehören, denen keine direkten Verbindungen zur Regierung oder zum Militär nachgesagt werden können. Allerdings, und dies wiederum muß befremden, ist in die Kommission lediglich ein Vertreter einer nichtstaatlichen Organisation berufen worden. Profilierte Menschenrechtsaktivisten des Landes fehlen in der Kommission gänzlich. Nach vorliegenden Meldungen haben sie eine Mitarbeit abgelehnt, weil es ihnen an Zuversicht mangelt, daß die Kommission ihre Aufgaben unabhängig und ohne Bevormundung von offizieller Seite würde wahrnehmen können.

[4] Das Strafmaß gegen den Politiker wurde im Dezember 1980 in lebenslange Haft umgewandelt.

Auch der rechtliche Status der Kommission hat das Vertrauen in ihre Unabhängigkeit geschwächt. Da ihre Einrichtung per Präsidialdekret erfolgt ist, haben indonesische Menschenrechtsexperten die Befürchtung, daß ihr weiteres Bestehen vom Wohlwollen des Präsidenten abhängt. Die ausschließliche Abhängigkeit der Kommission von staatlichen Geldern trägt ebenfalls dazu bei, an ihrer Unabhängigkeit zu zweifeln.

REAKTIONEN DER INDONESISCHEN REGIERUNG AUF DIE KRITIK VON AMNESTY INTERNATIONAL

Nach der im Jahre 1977 erfolgten Veröffentlichung eines Berichts mit dem Titel *Indonesia: An Amnesty International Report*, der die Problematik der politisch motivierten Inhaftierungen zum Gegenstand hatte, blieb Vertretern der Organisation für mehr als 15 Jahre die Einreise nach Indonesien von offizieller Seite verwehrt. In jüngster Zeit hat sich die Regierung zwar gegenüber Kontakten mit amnesty international aufgeschlossener gezeigt, nach wie vor aber wird die Organisation als subversiv dargestellt, der nur daran gelegen ist, die „neue Ordnung" zu untergraben. In persönlichen Gesprächen mit amnesty international haben Regierungsvertreter eingeräumt, daß solche Vorwürfe grundlos sind, in öffentlichen Stellungnahmen und in internen Rundschreiben werden sie jedoch nach wie vor als begründet bezeichnet.

Die Kampagnen von amnesty international gegen Menschenrechtsverletzungen in Indonesien und Osttimor werden von behördlicher Seite als Einmischung in innerstaatliche Angelegenheiten zurückgewiesen. Im Juni 1993 beispielsweise erklärte ein Vertreter des Außenministeriums gegenüber Journalisten, daß von sieben Osttimoresen in zwei ausländischen

Botschaften in Jakarta gestellte Asylanträge von amnesty international „eingefädelt“ worden seien. Als Beleg für seinen Vorwurf verwies er auf einen zweiseitigen Appell der Organisation, den diese wenige Stunden, nachdem die Asylbewerber in die Botschaft gelangt waren, zu ihren Gunsten verfaßt hatte.

Trotz der ausdrücklichen Zusicherung der Regierung, den Zugang zu Indonesien und Osttimor für Menschenrechtsorganisationen lockern zu wollen, sieht sich amnesty international nach wie vor erheblichen Behinderungen gegenüber. Im Januar 1993 erteilte die Regierung einem Vertreter der Organisation eine Einreisegenehmigung, um in Jakarta an einem Workshop der Vereinten Nationen zum Thema Menschenrechte teilzunehmen. Das Visum hatte allerdings nur fünf Tage Gültigkeit, so daß tiefergehende Recherchen zur Menschenrechtssituation vor Ort nicht möglich waren. Anträgen auf Aufenthaltsverlängerung wurde ebensowenig stattgegeben wie der Bitte um einen ausführlichen Gesprächstermin mit Regierungsmitgliedern. Auch erhielt der Vertreter von amnesty international keine Genehmigung, nach Osttimor zu reisen, um dort dem Prozeß gegen Xanana Gusmão beiwohnen zu können.

Den fünftägigen Aufenthalt des Mitarbeiters der Organisation in Indonesien mißbrauchte die Regierung zudem, um ihr politisches Image aufzubessern. Als anläßlich der Sitzung der Menschenrechtskommission der Vereinten Nationen vom Januar bis März 1993 erneut die Forderung erhoben wurde, internationalen Menschenrechtsorganisationen den Zugang zu Indonesien und Osttimor zu erleichtern, behauptete die Regierung wahrheitswidrig, daß amnesty international bereits ohne jede Beschränkungen habe einreisen können und daß der Vertreter der Organisation auf einer Pressekonferenz in Jakarta nicht hinnehmbare Kritik sowohl an Indonesien als auch am Menschenrechtsworkshop geübt habe.

Im Juli 1993 und erneut im März 1994 konnte ein Mitarbeiter von amnesty international in einigen ausgewählten Landesteilen Indonesiens Ermittlungen über die dortige Entwicklung der Menschenrechtssituation durchführen. Über beide Besuche war die Regierung schriftlich informiert worden. Anläßlich des Aufenthalts ihres Vertreters vom Juli 1993 bat amnesty international die Regierung offiziell um einen Gesprächstermin, um beide Seiten berührende Fragen erörtern zu können, erhielt jedoch keine Reaktion. Kurz vor dem für März 1994 geplanten Besuch stellte die Regierung amnesty international in Aussicht, alsbald sowohl nach Indonesien als auch nach Osttimor einreisen zu können. Ende April schließlich gab der indonesische Außenminister seiner Hoffnung Ausdruck, mit amnesty international in einen Dialog einzutreten. Die Organisation begrüßte daraufhin im Mai in einem Schreiben an die Regierung die jüngsten Äußerungen und unterbreitete den Vorschlag, noch innerhalb der nächsten zwei Monate einen Besuchstermin zu vereinbaren. Bei Drucklegung dieses Berichts Mitte 1994 stand eine Antwort noch aus.

SCHLUSSFOLGERUNGEN UND EMPFEHLUNGEN

Die Strukturen, Einstellungen und politischen Vorgaben, die den Menschenrechtsverletzungen in Indonesien und Osttimor zugrundeliegen und zu ihrer Verfestigung beigetragen haben, sind seit nunmehr fast 30 Jahren unverändert geblieben. Die Regierung und vor allem das Militär als politischer Machtfaktor haben niemals Zweifel daran aufkommen lassen, daß sie entschlossen sind, im Interesse der nationalen Sicherheit, Stabilität und Ordnung sowie bei Gefährdung der Entwicklung des Landes selbst fundamentale Menschenrechte außer Kraft zu setzen. Die Sicherheitskräfte, deren Handeln keiner innerstaatlichen Kontrolle unterliegt, weder von seiten der Justiz noch der Politik, können sich weiterhin der Straffreiheit für die von ihnen verübten Menschenrechtsverletzungen sicher wähnen.

Um Menschenrechtsverletzungen in Zukunft zu verhindern, müssen konkrete Maßnahmen zur Beseitigung ihrer Ursachen ergriffen werden. Die Verantwortung zum Handeln liegt in erster Linie bei der indonesischen Regierung, aber auch die internationale Gemeinschaft, die mehr als ein Vierteljahrhundert lang schwere Menschenrechtsverletzungen in Indonesien und später auch in Osttimor stillschweigend geduldet hat, darf nicht länger untätig bleiben.

amnesty international unterbreitet der indonesischen Regierung und den Mitgliedsstaaten der Vereinten Nationen eine Zusammenstellung von Empfehlungen, deren Umsetzung zu einer Verbesserung der Menschenrechtssituation in Indonesien und Osttimor beitragen würde. Die Empfehlungen gliedern sich in drei Kategorien. Als erstes werden Handlungsvorschläge erläutert, die darauf abzielen, bereits begangene Verstöße gegen die Menschenrechte aufzuklären, die Verantwortlichen zur Rechenschaft zu ziehen und die Opfer und ihre Familien zu entschädigen. Die zweite Kategorie enthält Empfehlungen zur zukünftigen Verhinderung von Menschenrechtsverletzungen. Mit der Umsetzung der Empfehlungen unter Punkt III würde die indonesische Regierung unter Beweis stellen, daß sie sich der Förderung und der praktischen Durchsetzung internationaler Menschenrechtsstandards vorbehaltlos verpflichtet fühlt.

Die meisten der nachfolgend formulierten Empfehlungen stützen sich auf internationale Menschenrechtsschutzinstrumente, insbesondere auf den Internationalen Pakt über bürgerliche und politische Rechte und die Anti-Folter-Konvention der Vereinten Nationen. Einige beruhen auch auf Prinzipien wie sie verankert sind im Verhaltenskodex für Beamte mit Polizeibefugnissen, im Grundsatzkatalog für den Schutz aller irgendeiner Form von Haft oder Strafgefangenschaft unterworfenen Personen, in den Grundsätzen für die wirksame Verhütung und Untersuchung von außergesetzlichen, willkürlichen und summarischen Hinrichtungen und in der Erklärung der Vereinten Nationen über den Schutz aller Personen vor gewaltsam verursachtem Verschwinden.

I. Untersuchung von Menschenrechtsverletzungen, Bestrafung der Täter und Entschädigung der Opfer

Die Menschenrechtsverletzungen der Vergangenheit müssen aufgeklärt, die dafür Verantwortlichen zur Rechenschaft gezogen und die Opfer entschädigt werden. Aus diesem Grunde fordert amnesty international die indonesische Regierung zu folgenden Maßnahmen auf:

1. Die Identität der Opfer mutmaßlich extralegaler Hinrichtungen, die Umstände ihres Todes und ihr weiterer Verbleib müssen aufgeklärt werden.
2. Unabhängigen Menschenrechtsexperten wie etwa forensischen Sachverständigen ist die Genehmigung zu erteilen, Gräber, in denen die Leichen der Opfer extralegaler Hinrichtungen vermutet werden, zu öffnen und umfassend zu analysieren.
3. Schicksal und Aufenthaltsort aller in der Haft als „verschwunden" gemeldeten Personen müssen unverzüglich geklärt werden.
4. Sämtliche gewaltlosen politischen Gefangenen sind umge hend und bedingungslos freizulassen.
5. Es muß sichergestellt sein, daß wegen vermeintlicher politischer Betätigung inhaftierte Personen entweder einer erkennbar strafbaren Handlung angeklagt und zügig und in fairer Weise vor Gericht gestellt oder aber freigelassen werden.
6. Zugunsten von Gefangenen, die in unfairen politischen Prozessen verurteilt worden sind, muß gewährleistet werden, daß ihr Verfahren unverzüglich und von unparteiischer Seite überprüft oder aber ihre Freilassung angeordnet wird.
7. Die Opfer von Menschenrechtsverletzungen beziehungsweise die Familien getöteter oder „verschwundener" Personen sind angemessen zu entschädigen.

8. Die mutmaßlich für Menschenrechtsverletzungen Verantwortlichen müssen umgehend vor ein Gericht der zivilen Justiz gebracht und bis zum Ausgang des Prozesses vom aktiven Dienst suspendiert werden. Für die Dauer des Verfahrens muß ihnen das Recht, Waffen zu tragen, entzogen werden.
9. Die Todesstrafe muß abgeschafft werden. Alle bereits anhängigen Todesurteile sind umzuwandeln.

II. Verhinderung von Menschenrechtsverletzungen

Um weitere Menschenrechtsverletzungen in Indonesien und Osttimor zu verhindern, ruft amnesty international die Regierung in Jakarta auf, die folgenden Maßnahmen zu ergreifen:

1. Der Gesetzgeber muß ein ausdrückliches Verbot des „Verschwindenlassens" von Menschen und extralegaler, willkürlicher und summarischer Hinrichtungen aussprechen. Derartige menschenrechtsverletzende Praktiken müssen als Straftat definiert und entsprechend der Schwere der Tat geahndet werden.
2. Für die Anwendung tödlicher Gewalt durch Regierungskräfte und regierungsnahe Einheiten sind in Übereinstimmung mit dem Verhaltenskodex der Vereinten Nationen für Beamte mit Polizeibefugnissen eindeutige Richtlinien zu erlassen.
3. Folterungen und andere Formen grausamer, unmenschlicher oder erniedrigender Behandlung oder Strafe müssen gesetzlich verboten werden. Es ist sicherzustellen, daß derartige menschenrechtsverletzende Praktiken als Straftat definiert und entsprechend der Schwere der Tat geahndet werden.
4. Alle Gefangenen, einschließlich derjenigen, die unter dem Verdacht des Verstoßes gegen die nationale Sicherheit festgenommen worden sind, müssen unverzüglich und regelmäßig Zugang zu Rechtsanwälten ihrer Wahl, zu Ärzten und zu Familienangehörigen erhalten.

5. Es ist sicherzustellen, daß Gefangene ausschließlich in offiziellen Hafteinrichtungen in Gewahrsam gehalten und unmittelbar nach ihrer Festnahme einem Richter vorgeführt werden.
6. Es müssen geeignete Maßnahmen getroffen werden, um zu gewährleisten, daß unter Folterungen oder Mißhandlungen erpreßte Aussagen in juristischen Verfahren nicht als Beweismittel verwandt werden, es sei denn, um in Prozessen gegen der Folter beschuldigte Personen den Nachweis zu führen, daß tatsächlich Folterhandlungen stattgefunden haben. In diesem Zusammenhang ist es notwendig, bestehende Rechtsvorschriften konsequent durchzusetzen und zusätzliche gesetzliche Regelungen zu erarbeiten.
7. Das Anti-Subversions-Gesetz muß unverzüglich abgeschafft und alle übrigen die nationale Sicherheit und öffentliche Ordnung berührenden Rechtsvorschriften umfassend überprüft werden, um zu gewährleisten, daß nicht Menschen, die lediglich gewaltfrei ihr Recht auf freie Meinungsäußerung wahrgenommen haben, unter Berufung auf Sicherheitsgründe inhaftiert und zu Freiheitsstrafen verurteilt werden.
8. Für alle Landesteile muß ein zentrales Haftregister geführt werden, in das die Angehörigen von Gefangenen, Rechtsanwälte und Mitglieder der Nationalen Menschenrechtskommission Einblick nehmen können. Das Register muß in kurzen, regelmäßigen Abständen aktualisiert werden.
9. Es muß sichergestellt sein, daß Mandat, Aufgabenbereich, Zusammensetzung und Arbeitsmethoden der Nationalen Menschenrechtskommission den von der Menschenrechtskommission der Vereinten Nationen entwickelten Standards entsprechen.
10. Die mutmaßlich für Menschenrechtsverletzungen Verantwortlichen müssen bis zum Ausgang entsprechender Ermittlungen vom aktiven Dienst suspendiert und unverzüglich vor ein Gericht der zivilen Justiz gebracht werden. Das Tragen von Waffen ist ihnen während dieser Zeit zu untersagen.

III. Förderung der Menschenrechte

Mit folgenden Maßnahmen kann die indonesische Regierung unter Beweis stellen, daß sie sich der Förderung internationaler Menschenrechtsstandards verpflichtet fühlt und bestrebt ist, diese umfassend und wirksam durchzusetzen:

1. Die Regierung sollte die Arbeitsgruppen der Vereinten Nationen für Fragen der willkürlichen Inhaftierung und für Fragen des erzwungenen oder unfreiwilligen Verschwindens von Menschen zu einem baldigen Besuch nach Indonesien und Osttimor einladen, um vor Ort eingehende Recherchen zur Menschenrechtssituation durchführen zu können.
2. Die Regierung sollte dem Sonderberichterstatter der Vereinten Nationen für Fragen der Folter einen weiteren Besuch in Indonesien und Osttimor gestatten, damit er sich vom Stand der Umsetzung seiner im Januar 1992 unterbreiteten Empfehlungen überzeugen kann.
3. Die indonesische Regierung ist aufgerufen, dem Internationalen Pakt über bürgerliche und politische Rechte und dessen beiden Zusatzprotokollen beizutreten. Das erste Protokoll berechtigt den Menschenrechtsausschuß der Vereinten Nationen zur Entgegennahme von Individualbeschwerden, während das zweite Protokoll die Vertragsstaaten verpflichtet, alle erforderlichen Maßnahmen zu ergreifen, um die Todesstrafe abzuschaffen.
4. Die Regierung sollte der Anti-Folter-Konvention der Vereinten Nationen beitreten und die Befugnis des Ausschusses gegen Folter zur Entgegennahme sowohl von Staaten- als auch von Individualbeschwerden anerkennen.
5. Innerstaatlichen und internationalen Menschenrechtsorganisationen, darunter amnesty international, muß die Möglichkeit gegeben werden, regelmäßig und ungehindert die Menschenrechtssituation in Indonesien und Osttimor beobachten zu können.

EMPFEHLUNGEN AN DIE MITGLIEDSSTAATEN DER VEREINTEN NATIONEN

Angesichts der Kritik, die von verschiedenen Gremien der Vereinten Nationen an der Menschenrechtssituation in Indonesien und Osttimor geübt worden ist, ruft amnesty international die Mitgliedsstaaten der Weltorganisation auf, folgende Maßnahmen zu ergreifen:

1. Die indonesische Regierung sollte eindringlich ersucht werden, die Arbeitsgruppen der Vereinten Nationen für Fragen der willkürlichen Inhaftierung und für Fragen des erzwungenen und unfreiwilligen Verschwindens von Menschen zu einem Besuch Indonesiens und Osttimors einzuladen.
2. Es sollte darauf hingewirkt werden, daß die vom Sonderberichterstatter der Vereinten Nationen für Fragen der Folter in seinem Bericht vom Januar 1992 anläßlich seines Besuchs in Indonesien und Osttimor formulierten Empfehlungen systematisch umgesetzt werden.
3. Der Bericht des Sonderberichterstatters der Vereinten Nationen über summarische, extralegale oder willkürliche Hinrichtungen, verfaßt im Anschluß an seinen Aufenthalt in Indonesien und Osttimor im Jahre 1994, muß systematisch weiterverfolgt werden.
4. Es sollten zusätzliche Mittel und Ressourcen bereitgestellt werden, um die Vereinten Nationen in die Lage zu versetzen, die Menschenrechtssituation in Indonesien und Osttimor dauerhaft und effektiv überwachen zu können.
5. Die indonesische Regierung sollte nachdrücklich aufgefordert werden, innerstaatlichen und internationalen Menschenrechtsorganisationen, darunter amnesty international, die Möglichkeit zu geben, regelmäßig und ungehindert die Menschenrechtssituation in Indonesien und Osttimor beobachten zu können.
6. Die indonesische Regierung sollte ermutigt werden, dem Internationalen Pakt über wirtschaftliche, soziale und kultu-

relle Rechte und dem Internationalen Pakt über bürgerliche und politische Rechte sowie dessen beiden Zusatzprotokollen beizutreten.

7. Die indonesische Regierung sollte ferner ermutigt werden, der Anti-Folter-Konvention der Vereinten Nationen beizutreten und die Zuständigkeit des Ausschusses gegen Folter für die Entgegennahme sowohl von Staaten- als auch von Individualbeschwerden anzuerkennen.
8. Es muß sichergestellt sein, daß von schweren Menschenrechtsverletzungen gefährdete Asylbewerber aus Indonesien und Osttimor nicht zwangsweise in ihre Heimat zurückgeschickt werden und daß ihre Asylanträge, auch die von in Haft befindlichen Flüchtlingen, umfassend und unparteiisch untersucht werden.

ABKÜRZUNGSVERZEICHNIS

CNRM	Conselho Nacionalista Resistência Maubere (Nationaler Widerstandsrat der Maubere)
Fretilin	Frente Revolucionaria de Timor Leste Independente (Revolutionäre Front für ein unabhängiges Osttimor)
IKRK	Internationales Komitee vom Roten Kreuz
IPBPR	Internationaler Pakt über bürgerliche und politische Rechte
IPU	Interparlamentarische Union
LBH	Lombaya Bantuan Hukum (Rechtshilfeinstitut)
OPM	Organisasi Papua Merdeka (Bewegung Freies Papua)
PDI	Partai Demokrasi Indonesia (Demokratische Partei Indonesiens)
PKI	Partai Komunis Indonesia (Kommunistische Partei Indonesiens)
PPP	Partai Persatuan Pembangunam (Vereinigte Entwicklungspartei)
SBSI	Serikat Buruh Sejahtera Indonesia (Indonesische Gewerkschaft für den Wohlstand der Arbeiter)
SPSI	Serikat Pekerja Seluruh Indonesia (Gesamtindonesische Arbeitergewerkschaft)
UDT	União Democratica Timorense (Demokratische Union Timors)

VERÖFFENTLICHUNGEN VON UND FÜR AMNESTY INTERNATIONAL

AI – ALLGEMEIN

amnesty international – Jahresbericht 1994
(Fischer TB 12228), 640 S., Juli 1994
(ai-Best.-Nr. 53100), DM 15,90

Eine Information über amnesty international
72 S., (ai-Best.-Nr. 51012), DM 4,00

amnesty international –
Menschenrechte vor der Jahrtausendwende
Hrsg. H. Bielefeldt, V. Deile, B. Thomsen (Fischer TB 11691), 253 S., Juni 1993 (ai-Best.-Nr. 66000), DM 13,90

amnesty international – Der regionale Menschenrechtsschutz in Afrika, Amerika und Europa
(Fischer TB 4281), 296 S., August 1988
(ai-Best.-Nr. 50002), DM 16,80

Allgemeine Erklärung der Menschenrechte
Broschüre, 21 S. (ai-Best.-Nr. 50010), DM 0,50

amnesty international –
Die Psychologie der Folter
Gustav Keller, (Fischer TB 3441), 112 S., November 1981
(ai-Best.-Nr. 63000), DM 8,80

Standesregeln– eine Strategie,
Folter undenkbar zu machen
Broschüre, 40 S., März 1984 (ai-Best.-Nr. 77012), DM 2,00

Auslöschen könnt ihr sie nicht. Kampagne gegen „Verschwindenlassen" und politischen Mord
192 S., zahlr. Abb., Oktober 1993 (ai-Best.-Nr. 61001), DM 9,80

amnesty international –
Politischer Mord durch Regierungen
(Fischer TB 3447), 160 S., August 1983
(ai-Best.-Nr. 60000), DM 7,80

amnesty international – Wenn der Staat tötet.
Todesstrafe contra Menschenrechte
(Fischer TB 4294), 486 S., Mai 1989
(ai-Best.-Nr. 62001), DM 12,80

Ein Mensch weniger
Ein Lesebuch gegen die Todesstrafe, 240 S., 37 Abb.,
überarb. Aufl., Oktober 1994 (ai-Best.-Nr. 62002), ca. DM 9,80

KINDER

Menschenrechtserklärung für Kinder
Illustrierte Ausgabe mit erklärenden Texten,
32 S., Oktober 1988 (ai-Best.-Nr. 50011), DM 4,00

„Jugendliche im Gefängnis"
Malaktion von amnesty international, DuMont Verlag, 96 S.,
148 farbige Abb. (ai-Best.-Nr. 52001), DM 24,00

TASCHENBÜCHER

Politische Gewalt in Kolumbien
Mythos und Wirklichkeit, 176 S., März 1994
(ai-Best.-Nr. 12301), DM 10,00

DDR – Rechtsprechung hinter verschlossenen Türen
3. Aufl. mit aktuellem Vorwort, 136 S., November 1992
(ai-Best.-Nr. 32302), DM 8,00

amnesty international – Todesstrafe in den USA
(Fischer TB 4289), 270 S., April 1989
(ai-Best.-Nr. 15102), DM 12,80

Sri Lanka – ein zerrissenes Land
88 S., 27 Abb., September 1990 (ai-Best.-Nr. 23700), DM 4,00

Myanmar – ein Land kämpft für Demokratie
112 S., 35 Abb., November 1990 (ai-Best.-Nr. 21600), DM 4,00

Afrika – auf dem Weg zur Abschaffung der Todesstrafe
80 S., 17 Abb., September 1991 (ai-Best.-Nr. 00100), DM 5,00

Indien – Folter, Vergewaltigung, Todesfälle in Haft
168 S., zahlr. Abb., März 1992 (ai-Best.-Nr. 22000), DM 8,00

Frauen im Blickpunkt –
Zwischen Auflehnung und politischer Verfolgung
144 S., zahlr. Abb., 2. überarb. Aufl., März 1993
(ai-Best.-Nr. 78000), DM 8,00

FOTOAUSSTELLUNGEN

Kolumbien
17 Blatt Fotos und Text, DIN A3, s/w, März 1994
(ai-Best.-Nr. 12341), DM 30,00

China – Menschenrechtsverletzungen mit System
24 Blatt, DIN A4, s/w, Mai 1990 (ai-Best.-Nr. 21740),
DM 20,00

Peru
19 Fotos und eine Texttafel, DIN A3, s/w, 1991
(ai-Best.-Nr. 14640), DM DM 30,00

Wer ihr Land nimmt, zerstört ihr Leben
Menschenrechtsverletzungen an indigenen Völkern.
17 Blatt (Fotos und Texte), DIN A3, s/w, April 1991
(ai-Best.-Nr. 68040), DM 60,00

Indien
16 Fotos und Texte, DIN A3, s/w, März 1992
(ai-Best.-Nr. 22040), DM 30,00

Für die Menschenrechte amerikanischer Ureinwohner
20 Fotos und Texte, DIN A3, s/w, 1992
(ai-Best.-Nr. 68041), DM 30,00

Auslöschen könnt ihr sie nicht. Kampagne gegen „Verschwindenlassen" und politischen Mord
16 Blatt, DIN A1, s/w, Oktober 1993
(ai-Best.-Nr. 61040), DM 60,00

Indonesien und Osttimor – Kein Paradies für Menschenrechte
17 Blatt (Fotos und Texte), DIN A3, s/w, 1994
(ai-Best.-Nr. 22140), DM 30,00

POSTKARTEN

Briefkarten Picasso/Schug
je 5 Motive mit 10 Umschlägen (ai-Best.-Nr. 90000), DM 5,00

Briefkarten Picasso
10 Stück mit Umschlägen (ai-Best.-Nr. 90002), DM 5,00

Postkartenset „Jugendliche im Gefängnis"
8 Motive (ai-Best.-Nr. 90003), DM 6,00

Auslöschen könnt ihr sie nicht. Kampagne gegen „Verschwindenlassen" und politischen Mord
10 Stück, s/w, (ai-Best.-Nr. 90004), DM 5,00

SCHALLPLATTEN / CD

„Festival Lateinamerika"
Benefiz-Schallplatte für ai (ai-Best.-Nr. 90042), DM 22,00

„Brendel spielt Liszt, Berg, Busoni"
Benefiz-Schallplatte für ai (ai-Best.-Nr. 90040), DM 25,00; dito Musikkassette (ai-Best.-Nr. 90041), DM 25,00

„Klassik für Menschenrechte" - Bach, "Kaffeekantate" u.a.
Benefiz-CD für amnesty international und andere Menschenrechtsorganisationen (ai-Best.-Nr. 90043), DM 28,00

„Klassik für Menschenrechte II"
Benefiz-CD mit span. Musik des 20. Jhdt. (ai-Best.-Nr. 90044), DM 30,00

AUTOAUFKLEBER

„Kette"
9,5 x 17 cm, s/w, (ai-Best.-Nr. 91012), DM 1,00

„amnesty international"
10 cm, rund, orange/schwarz, (ai-Best.-Nr. 91013), DM 1,00

ADRESSEN DER AI-BÜROS IN DER BUNDESREPUBLIK DEUTSCHLAND

ai-Büro Aachen
Adalbertsteinweg 123
52070 Aachen
Tel.: (02 41) 51 36 53

ai-Büro Augsburg
Oberer Graben 39
86152 Augsburg

ai-Büro
Bergisches Land
Hünefeldstraße 90
42285 Wuppertal
Tel.: (02 02) 8 74 21

ai-Büro Berlin
Pacelliallee 61
14195 Berlin
Tel.: (0 30) 8 31 10 46

ai-Büro Bielefeld
Jöllenbecker Straße 103
33613 Bielefeld
Tel.: (05 21) 17 82 03

ai-Büro Bonn-Koblenz
Hausdorffstraße 160
53129 Bonn
Tel.: (02 28) 23 01 30

ai-Büro Bremen
Goetheplatz 4
28203 Bremen
Tel.: (04 21) 32 79 37

ai-Büro Dortmund
Grisarstraße 2
44147 Dortmund
Tel.: (02 31) 83 67 11

ai-Büro Dresden
Kreuzstraße 7
01067 Dresden
Tel.: (03 51) 4 95 12 90

ai-Büro Düsseldorf
An der Golzheimer Heide 120a
40468 Düsseldorf
Tel.: (02 11) 4 79 25 57

ai-Büro Frankfurt
Vogelsbergstraße 36
60316 Frankfurt
Tel.: (0 69) 49 61 49

ai-Büro Hamburg
Amandastraße 34
20357 Hamburg
Tel.: (0 40) 4 39 24 05

ai-Büro Hannover
Fraunhoferstraße 15
30163 Hannover
Tel.: (05 11) 66 72 63

ai-Büro Jena
Unterm Markt 13
07743 Jena
Tel.: (0 36 41) 2 37 98

ai-Büro Karlsruhe
Gartenstraße 62
76135 Karlsruhe
Tel.: (07 21) 84 55 52

ai-Büro Kiel
Bremer Straße 2
24118 Kiel
Tel.: (04 31) 8 69 88

ai-Büro Köln
Domstraße 56
50668 Köln
Tel.: (02 21) 12 14 15

ai-Büro Leipzig
Gießerstraße 63
04229 Leipzig
Tel.: (03 41) 4 79 53 68

ai-Büro Mainz-Wiesbaden
Dagobertstraße 14
55116 Mainz
Tel.: (0 61 31) 23 35 60

ai-Büro München
Leonrodstraße 19/1
80643 München
Tel.: (0 89) 16 54 12

ai-Büro Münster
Achtermannstraße 10-12
48143 Münster
Tel.: (02 51) 4 73 02

ai-Büro Nordwürttemberg
Lazarettstraße 8
70182 Stuttgart
Tel.: (07 11) 23 36 53

ai-Büro Oberpfalz
Malergasse 15
93047 Regensburg

ai-Büro Rhein-Nekar
Augustaanlage 53
68165 Mannheim
Tel.: (06 21) 41 59 61

ai-Büro Reutlingen/Tübingen
Planie 20
72764 Reutlingen
Tel.: (0 71 21) 4 10 60

ai-Büro Rostock
Haus der Demokratie
Gerberbruch 13a-15
8055 Rostock
Tel.: (03 81) 4 92 50 75

ai-Büro Ulm
Ensinger Straße 21
89073 Ulm/Donau
Tel.: (07 31) 6 36 32

ai-Büro Würzburg
Friedensstr. 3
97072 Würzburg
Tel.: (0931) 88 69 27

amnesty international Österreichische Sektion
Wiedner Gürtel 12/7
A-1040 Wien

amnesty international Schweizer Sektion
Postfach 1051
CH-3001 Bern